Pauls Tagebuch - ein Labrador erzählt

Christine Schleppi

Christine Schleppi

Pauls Tagebuch
- ein Labrador erzählt

Verlag DeBehr

Herausgeber: Verlag DeBehr, Radeberg
ISBN: 9783944028255
Erstauflage: 2013

Prolog

Hallo, darf ich mich vorstellen? Ich bin der Paul.

Mein Frauchen hat für mich ein Tagebuch geführt und meine Streiche alle aufgeschrieben. Aber Ihr müsst nicht denken, dass ich ein ungezogener Hund bin, nein, ich bin meistens ganz lieb. Nur manchmal mache ich vor lauter Übermut ein paar dumme Dinge, und die notiert mein Frauchen dann gleich zur Erinnerung.

Aber Ihr könnt ja selbst lesen, was so in meinen ersten anderthalb Jahren alles passiert ist.

Liebe Grüße an alle,
Paul

Bericht 1 • Die Ankunft
4. März 2011

Hallo, alle zusammen, heute will ich mal berichten, wie es mir so in meiner neuen Familie geht. Nachdem mich meine neuen Herrschaften in Schneppenbach abgeholt hatten, mussten wir ganz schön lange mit dem Auto heimfahren. Das machte mir aber nichts aus, denn ich fühlte mich gleich in meiner Hundebox sehr wohl. Mein neues Frauchen saß neben mir und redete mit mir ganz lieb, sodass ich überhaupt keinen Trennungsschmerz empfunden habe.

Das war ein Hallo, als wir in Altstadt ankamen, alle Nachbarn warteten schon auf mich!

Meine Mama Lilly und meine Geschwister, ich war immer der Erste an der Futterkrippe

Was ich als Erstes bemerkte, war, dass hier riesig viel Platz zum Spielen und Toben ist. Der Garten ist auch schön groß für mich noch richtig kleinen Kerl. Das Wasserbecken blieb auch nicht unentdeckt, schade, dass ich noch nicht hineindarf! Aber das Wasser daraus schmeckt mir auch sehr gut.

Aber erst mal der Reihe nach: Als wir zuhause angekommen waren, nahm ich erst einmal alles in Beschlag und pinkelte gleich in die Küche. Mein Frauchen schimpfte aber nicht, es meinte nur, ich weiß es ja noch nicht besser. Abends machte ich dann noch ein Häufchen auf den besten Teppich, das war, glaube ich, nicht ganz so gut – und dann passierte mir das Malheur noch einmal am nächsten Morgen.

Aber das habe ich jetzt schon kapiert: Häufchen wird entweder im Garten oder am Feld gemacht, das mit dem Pinkeln klappt mittlerweile meistens auch ganz gut. Nur letzte Nacht schlief mein Herrchen so fest, da musste ich mich zweimal in der Küche erleichtern … Aber das lerne ich schon noch.

Wenn mein Frauchen morgens mit mir ans Feld geht, sind noch jede Menge anderer Hunde da, mit denen kann ich so schön spielen. Aber die bleiben alle nicht so lange, sodass ich wieder mit mir alleine bin.

Am nächsten Samstag gehen wir in die Hundeschule, da kann ich dann toben und auch etwas lernen. Obwohl, an der Leine gehe ich schon ganz brav, sagt mein Frauchen. Aber es hat ja auch immer feine Leckerlis in der Tasche und lobt mich, wenn ich mich ordentlich benehme.

Hunger habe ich eigentlich immer, aber mein Fressnapf wird nur dreimal am Tag gefüllt. Mein Frauchen passt jetzt schon auf, damit ich nicht gleich dick werde. Ich soll ja ein agiler Laufhund werden. Da freue ich mich jetzt schon darauf, wenn wir lange im Wald spazieren gehen. Die Nachbarn waren auch schon alle da und bewunderten mich und gaben mir Leckerlis. Ich werde natürlich auch sie bewachen, wenn ich groß bin. Haha! … und knurr.

Gestern Abend durfte ich mit in die Singstunde, zu welcher meine Familie alle vierzehn Tage im Winter geht. Das war eine Freude! Zuerst begrüßte ich sie natürlich alle auf meine Weise, das heißt, jeder musste mich mal streicheln und mir Leckerlis geben. Aber mein Frauchen schnitt sie ganz klein. Warum eigentlich? Ich würde auch große Brocken fressen. Dann legte ich mich ganz still auf mein Handtuch und schlief ein. Nur einmal musste ich bellen, als die Gitarre ganz schrill klang, aber das war nicht so schlimm, alle lachten darüber.

Meinen großen Bruder Stefan lernte ich auch schon kennen. Christian und Daniela sind mir ja schon bekannt, aber die sind noch im Urlaub. Jeder will sich um mich kümmern, mit mir Gassi gehen und spielen.

Nur eins darf ich nicht: Ich möchte so gerne an den Tischbeinen und Blumen knabbern, aber da ruft mein Frauchen immer gleich „Nein!“ und „Pfui!“. Auch Schuhe, die so gut nach meinen Herrschaften riechen, sind für mich tabu. Ich verstehe das gar nicht, das ist doch viel interessanter als meine Spielsachen.

Ihr seht also, ich bin gut angekommen.

Bis zum nächsten Bericht,
Euer Paul

Bericht 2 • Der Ernst des Lebens beginnt
6. März 2011

Ich habe Euch viel Neues zu berichten: Gestern waren wir zum ersten Mal in der Hundeschule, das war ganz toll! So viele andere kleine und große Hunde waren da, ich sollte mich natürlich dann erst einmal vorstellen. Das machte mein Frauchen für mich und erklärte, dass meine Mutter eine bildschöne Labradorhündin sei und mein Vater ein kleiner Münsterländer – daher habe ich auch die kleinen weißen Flecken auf meiner Brust.

Dann wurden das Halsband und die Leine abgemacht und ich durfte mit allen anderen Hunden richtig toben. Das machte mir unheimlich viel Spaß und ich mischte richtig mit. Von größeren Hunden ließ ich mir nichts gefallen, ich bin ja schließlich schon ganz schön stark!

Aber nach einer Weile mussten dann alle Hunde wieder an die Leine und wir übten feste: Zuerst mussten wir jede Menge Hindernisse überwinden, zum Beispiel durch den Tunnel gehen, über eine Brücke laufen und auf einem Wackelbrett stehen. Wenn ich es gut gemacht hatte, gab es Leckerlis.

Dann versteckte sich mein Frauchen hinter einem schwarzen Schild und rief, dass ich kommen solle. Aber da war ich so abgelenkt und lief erst einmal zu anderen Hunden. Natürlich klappte es dann doch noch und ich fand mein Frauchen wieder, da war die Freude groß! Schade, nach einer Stunde war alles vorbei … Ich fiel dann nur noch in meine Hundebox und schlief ein.

Auch zuhause musste ich mich erst einmal von der Anstrengung erholen, aber nach zwei Stunden war ich schon wieder topfit und schmiss erst einmal einen großen Blumentopf um. Da war noch Wasser drin, das konnte ich ja nicht wissen. Das war eine ganz schöne Sauerei! Warum ich dann nicht helfen durfte, alles wieder sauberzumachen, weiß ich nicht.

Heute Morgen stieß ich dann noch die Blumengießkanne im Wintergarten um. Warum hat sie aber auch so eine kleine Öffnung, sodass ich mit der Schnauze nicht richtig hineinkann?

Der Morgenspaziergang liegt auch schon hinter mir, und jetzt kann ich ganz entspannt schlafen, bis zum Mittagfressen.

Das war es für heute, bis zum nächsten Mal,
Euer Paul

Hier ist doch gerade ein Eichhörnchen vor mir auf einen Baum entwischt.

Bericht 3 • Es gibt ja so viel zu lernen

13. März 2011

Hallo, alle zusammen, da bin ich wieder!

Ich habe schon eine Menge gelernt: Wenn wir hin zum Feld gehen, üben wir immer „Komm!“. Wenn ich dann höre und mit wehenden Ohren zu meinem Frauchen oder Herrchen laufe, bekomme ich immer eine Belohnung und viele Streicheleinheiten. Auch „Sitz!“ kann ich schon ganz gut, wenn sie „Platz!“ rufen, weiß ich einfach nicht, was sie wollen. Aber das üben wir noch einige Zeit, bis ich es kapiert habe. Meine Herrschaften sind mir nicht böse, wenn ich etwas nicht verstehe.

Am Feld sind immer viele andere Hunde. Die gehen meistens alle zur gleichen Zeit wie ich Gassi. Vor lauter Spielen vergesse ich dann schon manchmal, warum ich überhaupt hier bin. Mein Geschäft erledige ich dann zuhause im Blumenbeet, da meint mein Frauchen, dass ich das noch ändern muss. Aber ich bin ja noch so klein, das kommt schon noch.

Gestern waren wir das zweite Mal in der Hundeschule, da war wieder jede Menge los! So viele andere Welpen sind da und mit denen kann ich prima spielen. Als ich dann aber mitten auf den Platz gekackt hatte, musste mein Herrchen fünfzig Cent in die Kackakasse zahlen und mein Frauchen musste alles mit der Schaufel beseitigen. Aber sonst benahm ich mich gut und machte eifrig mit.

Am Freitag durfte ich das erste Mal bei Christian und Daniela schlafen. Sie hatten mir auch eine schöne Hundedecke gekauft und jede Menge Spielzeug. Dreimal ging Christian nachts mit mir raus, das war eigentlich gar nicht nötig.

Von elf Uhr abends bis morgens sieben Uhr schlafe ich schon durch, dann muss ich aber gleich raus und anschließend gibt es mein Morgenfressen. Danach begeben wir uns ans Feld. Wenn ich zurück bin, wird erst einmal richtig toll gespielt, bis ich wieder müde bin und mich erholen muss. Dann gibt es mittags

Fressen und noch einmal laufen wir ans Feld zum Spielen, zwischendurch wird geschlafen. Abends wieder das gleiche Brimborium, Ordnung muss schließlich sein.

Heute Mittag nimmt mich Stefan mit auf den Fußballplatz, aber nur, falls es nicht regnet. Darauf freue ich mich schon, da kann ich bestimmt schön spielen.

Ich darf einfach nicht die Blumen und Schuhe anknabbern, gerade das macht mir aber so großen Spaß! Nun ja, wenn niemand schaut, probiere ich es doch immer wieder. Aber mein Frauchen hat die Augen überall und ruft immer gleich „Paul, nein!" Auch das muss ich noch lernen, dass Blumen, Tapeten, Schuhe und Regenschirme im Ständer tabu sind.

Am Faschingsdienstag durfte ich mit zum Umzug. Ich bekam eine große Schleife an mein Halsband, die Deutschlandflagge!

Hier präsentiere ich mich zu Fasching

Meine Herrschaften trugen an ihren Hüten auch Deutschlandflaggen, wir sind ja schließlich Patrioten. Alle riefen „Ach, wie goldig!“, das verstand ich nicht, warum goldig? Ich bin doch fast schwarz.

Ich war sehr brav, nur die Bonbons, die ich aufgefangen hatte, musste ich gleich wieder hergeben, die hätte ich schon gerne gefressen. Aber mein Frauchen meinte immer, dass diese nur für Menschenkinder seien. Trotzdem war es schön dort, so viele Leute streichelten mich! Nach dem Umzug war ich ziemlich fertig und musste mich erholen. Doch nach zwei, drei Stunden war ich wieder fit und zu neuen Streichen bereit.

So, Ihr Lieben, für heute genug berichtet. Ich bin jetzt müde und muss unbedingt eine Runde schlafen.

Bis bald wieder,
Euer Paul

Bericht 4 • Ich entdecke jeden Tag etwas Neues
24. März 2011

Hallo, da bin ich wieder! Es ist ja schon einige Zeit vergangen, dass ich mich zum letzten Mal gemeldet habe.

Letzten Samstag war ich schon zum dritten Mal in der Hundeschule, das machte mir richtig viel Spaß! Die meisten Hunde sind zwar größer und älter als ich, aber ich kann mich schon ganz gut behaupten. Zuerst durften wir alle zusammen rennen und raufen, bis wir müde wurden.

Hier bin ich in der Hundeschule. Ich habe mich mal in die Ecke verdrückt und muss eine Pause machen

Mein Frauchen möchte, dass ich ganz viel lerne. Na ja, es ist ja wichtig, deshalb passe ich genau auf, was es zu mir sagt. Es klappt nicht immer ganz, aber ich bemühe mich. Ich weiß ja noch nicht, was vieles zu bedeuten hat. Wenn mein Frauchen sich versteckt und ich es suchen muss, ist das wirklich nicht ganz einfach. Da sind so viele Spuren, denen ich ja schließlich auch noch nachgehen muss. Aber ich finde Frauchen dann doch immer wieder und es gibt viel Lob und feine Leckerlis. Wenn wir dann heimfahren, bin ich immer ganz erledigt, aber ich bin dann genauso schnell wieder fit.

Gestern war ich bei Stefan, dort ist es auch ganz schön. Er war mit mir Gassi und verwöhnte mich mit vielen Leckerlis. Gut, dass das mein Frauchen nicht gesehen hat, es passt auf, dass ich nicht zu dick werde.

Letzten Montag waren wir beim Impfen, da hat die Ärztin gesagt, dass mein Gewicht genau richtig sei. Also, was soll denn das, ich bin halt mal so verfressen, und außerdem gab mir die gute Frau selber Leckerlis. Ich war dann auch ganz brav und ließ mich impfen, es war gar nicht so schlimm. Das habe ich jetzt erst mal hinter mir, im April muss ich wieder hin.

So, und was hat sich sonst noch alles ereignet? Ach ja, bei dem schönen Wetter steht die Türe vom Wintergarten immer auf und ich kann raus in den Garten, so wie ich will. Aber wenn ich dann draußen bin, macht mein Frauchen manchmal die Tür einfach zu. Sie sagt, sie muss ja auch mal saubermachen. Das habe ich schon gelernt: Wenn ich wieder reinwill, muss ich ganz toll bellen. Und das kann ich vielleicht schon gut, Ihr solltet mich mal hören! Ganz tief knurren kann ich auch, wenn ich etwas will und es nicht bekomme. Meine Herrschaften sagen aber dann, das muss aufhören. Ein lieber Hund wird nicht so wild und verbeißt alles, was ihm vor die Schnauze kommt. Na ja, sie lesen dauernd im Internet, wie man kleine Hunde richtig erziehen muss, damit sie später gut hören. Sie sagen mir immer, jetzt sei es ganz wichtig zu lernen, denn wenn ich groß bin, ist es zu spät. Also wenn ich etwas dazu sagen darf, das ist alles Quatsch! Ich muss doch zeigen, wenn mir was nicht gefällt oder wenn ich Hunger habe – und das geht alles nur mit Bellen und Beißen. Aber meine Herrschaften lernen das auch noch …

Wollt Ihr das Neueste wissen? Ich lag so am Beckenrand von unserem kleinen Teich im Garten und hielt mal ganz gemütlich die Vorderpfoten ins Wasser. Plötzlich entdeckte ich so kleine, schwimmende Tiere! Sie waren leider zu schnell für mich, weil ich ja noch nicht ganz im Wasser war. Mein Herrchen hat gerufen, dass ich die Fische in Ruhe lassen soll. Aha, Fische heißen die seltsamen Wesen. Aber wartet mal, ich bekomme die schon vor meine Schnauze! Da gibt es vielleicht ein neues Problem …, aber kommt Zeit, kommt Rat.

Jetzt bin ich wieder müde und muss eine Runde schlafen.

Ihr lest wieder von mir,
Euer Paul

Bericht 5 • Das erste Bad im Gartenteich

4. April 2011

Hallo, alle meine Freunde! Es ist Zeit, dass ich Euch wieder von mir berichte, ich weiß gar nicht, wo ich anfangen soll.

Also zuerst einmal, seit das Wetter so gut ist, darf ich für längere Zeit auch alleine im Garten bleiben. Das ist so schön! Zwar habe ich immer noch jede Menge Unsinn im Kopf – sagt mein Frauchen –, aber ich finde, dass ich mich schon ganz gut benehme. Wenn ich ganz dringend muss, mache ich immer noch ins Blumenbeet, aber ich gehe jetzt lieber an den Rand, damit man es nicht sofort sieht. Clever, nicht wahr? Aber am meisten erledige ich mein Geschäft am Feld.

Nur in der Hundeschule klappt es nicht so gut. Vor lauter Aufregung und Spielerei muss ich immer noch auf den Platz machen. Aber mein Frauchen hat schon vorgesorgt und immer fünfzig Cent für die Kackakasse dabei. In die Hundeschule gehe ich so gerne, da treffe ich jedes Mal auch neue Hunde. Erst werden aber die alten Freunde gebührend begrüßt und dann die Neuen ordentlich gejagt. Das haben die anderen mit mir ja schließlich auch gemacht. Wenn wir dann abgehetzt sind, wird in Ruhe geübt, damit wir brave Hunde werden.

Heute nach der Hundeschule – ich war eigentlich richtig schlapp – besuchte mich mein neuer Freund Josh mit seinem Frauchen. Josh ist ein bildschöner, goldfarbener Labrador-Retriever, nur damit Ihr wisst, wie er aussieht. Erst tollten wir herum und rannten dann durch alle Blumenbeete. Dass ein paar Narzissen abbrachen, ist nicht so schlimm, na ja, es sind ja noch genug da! Dann entdeckte Josh unseren kleinen Teich, da war die Freude groß! Er platschte gleich hinein und schwamm darin herum.

In der Mitte vom Teich blühen Schilfrohr und blaue Blumen, jetzt natürlich noch nicht. Nur die Wurzeln und etwas Grün sind da. Es sieht aus wie eine kleine Insel mitten im Teich. Josh gab mir zu verstehen, ich sei ein Feigling, weil ich am Rand stehen blieb. Mit den Pfoten war ich ja schon oft im Wasser und einmal bin ich auch hineingefallen, aber ich konnte gleich wieder herausklettern. Aber als Feigling wollte ich schon gar nicht bezeichnet werden! Ich nahm allen Mut zusammen und sprang auf die Insel. Josh schwamm um mich herum und wir hatten riesigen Spaß im Wasser.

Josh hatte unseren kleinen Teich entdeckt und ich war mit von der Partie

Aber ich musste ja auch wieder von der Insel runter und aus dem Wasser herauskommen, das war schon ein kleines Problem. Ich hopste einfach ganz ins Wasser und hangelte mich am Rand hoch, das habe ich dann ein paarmal gemacht. Josh wollte gar nicht mehr aus dem Wasser raus, sein Frauchen musste ganz schön energisch werden! Als er dann am Beckenrand stand, war er nicht mehr golden, sondern ganz mit Schlamm überzogen. Weil er so groß ist, hatte er den ganzen Schlamm auf dem Boden aufgewirbelt, aber er guckte sein Frauchen so treuherzig an, dass es lachen musste und sagte: „Mein Freund, du weißt ja, heute ist eine Dusche fällig.“ Das hat Josh nämlich nicht so gerne. Schade, sie sind dann heimgegangen und ich war wieder alleine. Aber vom vielen Spielen war ich dann so erschöpft, dass ich sofort einschlief.

Am nächsten Tag probierte ich dann gleich aus, ob ich auch alleine in den Teich kann – natürlich kann ich! Aber mit dem Herausklettern ist das so eine Sache, das geht gar nicht so gut. Vor Josh konnte ich ja kein Feigling sein und war ins Wasser gesprungen, aber als ich alleine war, traute ich mich dann doch nicht. Mein Herrchen baute mir dann gleich einen Holzsteg, jetzt kann ich auf die Insel springen und über den Steg zurücklaufen. Ich bin ganz happy!

So meine Freunde, das ist für heute alles.

Ein liebes Wau, Wau
von Eurem Paul

Bericht 6 • Die Blumen darf ich auch nicht anknabbern
10. April 2011

Hallo, Freunde, ich muss mich mal wieder melden und berichten, was sich so alles ereignet hat – eigentlich gar nicht so viel. Mein Leben läuft in ruhigen Bahnen ab: schlafen, fressen, Gassi gehen und spielen. Aber manchmal muss ich schon auch noch Unsinn machen, damit mein Leben nicht so eintönig ist …

Mein Frauchen hatte eine neue wunderschöne Klematis mit kleinen weißen Blüten gekauft und ich hörte, wie es zu meinem Herrchen sagte, dass das eine Rarität sei und sie ganz glücklich ist, sie entdeckt zu haben. Ich passte genau auf, wo und wie sie eingepflanzt wurde. Aber dann – ich weiß auch nicht wieso – juckte es plötzlich ganz fürchterlich in meinen Pfoten und so grub ich, schwuppdiwupp, die Klematis wieder aus und spielte mit den weißen Blüten. Dass die meisten dabei abbrachen, dafür kann ich nichts, ich wusste ja nicht, dass sie so empfindlich sind.

Mein Frauchen war ziemlich böse und sagte zu mir, dass ich ein ganz unartiger Hundebube sei. Sie pflanzte dann die Pflanze, na ja den Rest, wieder ein und beschwerte sie mit großen Kieselsteinen, damit ich sie nicht noch einmal ausgraben kann. Schade, wo doch lockere Erde so reizvoll für mich ist! Außerdem will ich ja nur helfen, damit der Garten nicht so überladen wird, aber das versteht hier anscheinend keiner.

Ich verzog mich dann ganz still in meinen Hundekorb und wartete, bis mein Frauchen nicht mehr wütend war. Als es dann später zu mir kam, schaute ich ganz treuherzig und klopfte sachte mit dem Schwanz. Da war Frauchen gleich wieder ganz lieb zu mir und meinte, ich würde das auch noch lernen, und streichelte mich ganz toll und spielte mit mir. Da habe ich ja noch einmal Glück gehabt …

Noch etwas habe ich herausgefunden: Wenn die Terrassentür zu ist und es macht mir niemand auf, gehe ich jetzt an die Kellertür und schaue nach, ob diese offen ist. Seit ich die Kellertreppe erlaufen kann, ist es für mich kein Problem mehr, ins Haus zu kommen. Ich liege dann oben hinter der Eingangstür und warte, bis jemand in den Keller geht, das dauert meistens nicht lange. Aber wenn da auch keiner aufmacht, muss ich schon mal ganz heftig bellen, damit man mich reinlässt. Ich kann doch nicht zulassen, dass man mich aussperrt, denn ich will ja immer bei meiner Familie sein.

Nur wenn das Wetter richtig schön ist, bleibe ich lieber im Garten. Da kann ich ins Becken auf meine kleine Insel springen, Vögel jagen und, wenn niemand schaut, ein paar Löcher buddeln. Aber dann kann ich auch schon wieder nicht ins Haus, erst wenn mein Frauchen die Pfoten und das Fell abgetrocknet hat, darf ich wieder rein.

Hier helfe ich meinem Herrchen, den Rheinsand in unserer Einfahrt zu verteilen

Ihr seht, es gibt schon einige Regeln, an die ich mich halten muss, aber ich lerne gerne immer wieder Neues dazu.

Ach ja, das habe ich fast vergessen: Was sind eigentlich Rehe? Ich höre immer, wie mein Frauchen nach dem Gassigehen zu ihrem Peter sagt: „Was für ein Glück, er hat die Rehe am Waldrand schon wieder nicht gesehen.“ Aber das werde ich schon bald herausfinden, was Rehe sind. Und dann sehen wir weiter, was geschieht.

So, das wäre es für heute. Die nächste Runde Gassigehens steht an.

Liebe Grüße,
Euer Paul

Bericht 7 • Besuch von Mama und meiner Schwester
Mitte Mai 2011

Hallo, Freunde, ich muss Euch erzählen, was ich heute so alles erlebt habe. Ich bin noch ganz glücklich und weiß gar nicht, wo ich anfangen soll.

Heute besuchten mich meine Mama Lilly und meine Schwester Finja. Da war die Freude ganz groß! Wir tollten im Garten herum und purzelten übereinander. Das war eine wahre Pracht! Das heißt, meine Mama Lilly mischte nicht so mit, sie lag die meiste Zeit nur so rum und schaute mir und Finja zu. Na ja, sie ist ja auch schon ein paar Jahre älter und will nicht mehr so viel toben wie wir.

Freudig begrüßten mich meine Mama Lilly und meine Schwester Finja, mit dem Halsband, das bin ich

Ich muss schon sagen, Finja hat es in sich, sie ist eine richtige Draufgängerin! Sie jagte mich ganz schön, ich wehrte mich zwar, aber Finja war schneller als ich. Außerdem war ich ja der Gastgeber und hatte sie ganz höflich gewähren zu lassen. Finja unterschätzte allerdings das Wasserbecken und fiel gleich rein. Ich weiß ja schon, wie glatt der Rand ist, und bin ganz vorsichtig, wenn ich nicht ins Wasser will. Finja sah aus – wie man so schön sagt – wie eine nasse Katze. Aber es war ja warm gewesen und ihr Fell konnte schnell wieder trocknen.

Nachdem unsere Herrschaften dann ihr Kaffeetrinken beendet hatten, gingen wir alle zusammen ans Feld zum Geschäfteverrichten, dabei benahm ich mich etwas besser als Finja. Sie machte unterwegs ein kleines Häufchen und ihre Herrschaften nahmen es mit einem Beutel auf. So was mache ich nicht mehr, ich weiß, das wird am Feld gemacht. Na ja, wenn es mal ganz toll pressiert, mache ich schon mal daheim in den Garten, aber immer am Rand, damit man es nicht so sieht.

Aber dann war ich schon etwas neidisch: Lilly und Finja benahmen sich vorbildlich und zeigten mir, wie man ordentlich an der Leine bei Fuß geht. Das klappt ja bei mir noch nicht so richtig. Ich sei immer so übermütig, sagt mein Frauchen, und ziehe an der Leine. Aber gestern in der Hundeschule konnte ich ganz brav drei Runden an der Leine laufen, ohne zu ziehen, sogar die Hundetrainerin hat mich gelobt! Aber heute hatte ich vor lauter Freude wieder alles vergessen.

Mein Frauchen fragte unseren Besuch danach, wie es mich besser erziehen könne. Und Frau Bender, das Frauchen von Lilly, zählte natürlich auf, was zu machen sei. Ich sehe schon, es kommen harte Zeiten auf mich zu. Am liebsten würde ich ja meinen Willen durchsetzen, aber ich glaube, nach dem heutigen Nachmittag wird das sehr viel schwerer für mich.

Aber Finja hat es ja auch viel leichter als ich, sie kann von ihrer Mama Lilly lernen, ich habe niemanden. Brave Hundebuben gehen ordentlich an der Leine, machen „Sitz!“ und „Platz!“

und beißen nicht vor lauter Übermut. Ich weiß das schon alles, aber meistens geht mein Temperament mit mir durch und ich schlage über die Stränge, obwohl ich doch immer nur gefallen will.

Noch etwas, meine Hundetrainerin meinte gestern, ich sei etwas zu dick, jetzt sagte Frau Bender das Gleiche. Gemein! So bekomme ich ab morgen nur noch zwei Portionen zum Fressen. Wie soll das denn gehen? Fressen ist nach dem Spielen meine große Leidenschaft!

Ich gebe ja zu, Finja ist einige Kilos leichter als ich, aber sie ist ja auch ein Mädchen und braucht nicht so groß und stark zu werden wie ich. Dann muss ich eben meinen ganzen Charme einsetzen und meine Herrschaften ganz lieb anbetteln, vielleicht werden sie dann weich und lassen mich nicht verhungern. Kommt Zeit, kommt Rat, das ist meine Devise.

Christian und Daniela sind gekommen und nehmen mich noch zu einer kleinen Abendrunde Gassigehen mit, obwohl ich so müde vom vielen Herumtoben bin. Deshalb muss ich jetzt schließen. Wenn ich zurück bin, falle ich in mein Körbchen und muss unbedingt schlafen.

Das war wirklich ein ereignisreicher Tag für mich.

Bis zum nächsten Mal,
Euer Paul

Bericht 8 • Es ist aber auch wirklich verflixt
24. Mai 2011

Hallo, alle zusammen, da bin ich wieder. Ich muss unbedingt schreiben und mein schlechtes Gewissen erleichtern – ich glaube, ich habe eine große Dummheit gemacht. Mein Frauchen war sehr böse mit mir, aber jetzt ist es schon wieder ganz lieb. Aber der Reihe nach …

Ich muss zuerst erklären, dass mein Frauchen ganz schlecht hört und immer Hörgeräte trägt, zum Fernsehen hat sie ein spezielles, das sehr teuer ist. Und ausgerechnet dieses Gerät bekam ich zwischen meine Zähne! Ich weiß auch nicht wieso, es lag einfach auf dem Nachttisch herum und roch so wunderbar nach Frauchen. Da schnappte ich es mir und verdrückte mich ganz leise unter den Tisch. Aber mein Herrchen hörte das Knabbern und nahm mir das Hörgerät blitzschnell weg – wahrscheinlich ist es nicht mehr zu reparieren. Mein Herrchen meinte ärgerlich, dass ich da ganze Arbeit geleistet habe.

Was im Haus immer alles so herumliegt, kann ich einfach nicht dulden, entweder aufräumen oder es ist für mich! Das begreifen meine Herrschaften schon noch. Es verbleibt aber kaum noch etwas auf dem Boden für mich, alle Schuhe werden hochgestellt, damit ich sie nicht zerbeißen kann. Nur noch meine Spielsachen sind für mich erreichbar. Und wenn das langweilig wird, muss ich mir etwas anderes suchen, ganz einfach ist das!

Ach ja, aus dem Wäschekorb in der Waschküche klaue ich mir ab und zu einen Socken, der riecht auch ganz gut. Den trage ich dann in den Garten, wenn die Kellertür auf ist, und zerbeiße ihn. Das ist meinem Frauchen auch wieder nicht recht, denn die Socken strickt sie selbst, und es hat mir erklärt, dass das eine Menge Arbeit ist. Aber wie soll ich denn das verstehen, ich will mir doch nur die Zeit vertreiben!

Wie ich sehe, kommt da noch jede Menge Arbeit auf mich zu, ich muss unterscheiden lernen, was ich darf und was strikt verboten ist – gar nicht so einfach für mich!

Ich mache Joga

Aber Hauptsache ist, dass mein Frauchen wieder ganz lieb zu mir ist. Wieso ich das weiß? Ganz einfach: Wenn wir morgens Gassi gehen, redet sie wieder ganz lieb mit mir und erklärt mir all das, was ich noch nicht weiß. Zum Beispiel sagt sie mir immer, was gerade auf dem Feld zu sehen ist: Rehe sind immer da. Auch ein trächtiges Reh äst dort. Ich weiß zwar nicht, was trächtig ist, aber ihre Stimme klingt immer ganz begeistert!

Dann springen immer ganz viele Hasen herum, das ist lustig. Das Gras ist schon so hoch, dass man nur noch ihre Löffel auf und ab tanzen sieht. Zweimal war morgens auch schon ein

Fuchs da und schlich sich, ganz geduckt, über das Feld. Dann wieder klopfte ein Specht wie verrückt und ein Kuckuck rief ganz laut: „Seht ihr, ich bin doch ganz nützlich!“, denn das alles würde mein Frauchen gar nicht sehen, wenn es nicht mit mir morgens Gassi gehen und lieber im Bett liegen bleiben würde. Jetzt interessiert mich ja das alles noch gar nicht, aber wenn ich größer bin, werde ich die Tiere ganz schön jagen!

Noch etwas habe ich diese Woche gelernt: Wenn ich auf der Terrasse bin und es lässt mich niemand in die Wohnung, obwohl ich ganz schön wütend belle, kann ich jetzt die Fliegengitterschiebetür mit der Pfote aufschieben. Die Glastür ist bei schönem Wetter immer offen – und schon bin ich in der Wohnung. Dann freue ich mich so, dass ich wieder bei meinen Herrschaften bin, und wedle ganz toll mit dem Schwanz, damit mir keiner böse ist. Mein Frauchen meint immerzu, ich sei ein kluges Kerlchen. Was ist denn das schon wieder? So viele Begriffe, die ich nicht kenne!

Habe ich Euch schon erzählt, dass meine Hundeleine dahin ist? Zerbissen! Also das war ganz einfach, sie war ja schon ziemlich alt und nicht mehr sehr stabil. Sie gehörte meinem Vorgänger Max. Nun habe ich eine ganz neue und sehr schöne eigene Hundeleine, mit der gehe ich jetzt ganz brav Gassi, na ja, die meiste Zeit wenigstens. Nur wenn andere Hunde in der Nähe sind, ziehe ich noch ganz heftig. Mein Frauchen meint, wenn ich größer bin, schmeiße ich sie um, das will ich aber nicht. Ich muss einfach lernen, mich zu beherrschen.

In der Hundeschule klappt es schon ganz gut, aber wenn ich daheim bin, habe ich das Meiste wieder vergessen. Also üben, üben und nochmals üben!

So, das war es mal wieder,
Euer Paul

Bericht 9 • Ich soll Karotten fressen

Hallo, alle zusammen, ich muss mich schon wieder mal melden mit dem, was ich aufgeschrieben habe, damit ich es nicht vergesse.

Ich hatte Euch doch erzählt, dass ich schon mal zum Impfen war und die Tierärztin meinen Herrschaften dazu riet, dass ich weniger fressen soll. Das war ja schon eine ganz schöne Gemeinheit! Aber was ich Euch nicht berichtet habe, sie schlug vor, wenn ich zwischendurch Hunger habe, solle ich eine Karotte fressen, die habe keine Kalorien. Stellt Euch mal vor, ich als Hund soll eine Karotte fressen, ich bin doch kein Hase! Das Zeug habe ich im Wohnzimmer mal kurz und klein gekaut und dann wieder ausgespuckt. Die kleinen Karottenschnipsel waren im ganzen Raum verteilt und mein Frauchen musste alles wieder aufsammeln. Ihr Schimpfen wollte kein Ende nehmen! Ich war ganz kleinlaut und verzog mich in meinen Korb.

Beim nächsten Versuch auf der Terrasse machte ich es genauso – ich fresse doch keine Karotten! Ich will etwas Anständiges zum Fressen haben, also sind Karotten vom Speiseplan verschwunden. Schlau angestellt, oder nicht?

Jetzt bekomme ich als Zwischenmahlzeit einen Naturjoghurt, damit kann ich mich schon gleich besser anfreunden und das ist kein Dickmacher. Außerdem habe ich ja auch schon etwas abgenommen. Mein Bäuchlein ist verschwunden und ich bin schön schlank, ob das vom Wachsen oder vom vielen Laufen kommt, das weiß ich nicht. Aber Hauptsache ist, dass meine Herrschaften mit mir zufrieden sind. Na ja, die meiste Zeit wenigstens. Denn ich habe schon wieder eine Dummheit gemacht …

Ich habe Euch doch erzählt, dass ich die alte Leine vom Max durchgebissen und mein Frauchen mir eine schöne neue Leine gekauft hatte. Was soll ich Euch sagen, diese Leine habe ich gestern auch kleingekriegt! Das kam so: Wir waren bei Christian und da waren fremde Leute, die den Garten anlegen wollen. Sie redeten und redeten und ich war bei Frauchen an der Leine, damit ich nicht fortlaufen kann – es ist ja noch nichts eingezäunt.

Im Garten bin ich so gerne, denn da kann ich herumtoben! Hier überlege ich, was ich als Nächstes anstellen kann, nur dasitzen ist ja so langweilig

Das war vielleicht langweilig für mich und so begann ich, an der neuen Leine zu knabbern. Mein Frauchen hörte es gar nicht. Es hat nicht lange gedauert und die Leine war durchgebissen und ich konnte frei herumlaufen.

Ich muss schon sagen, das Zeug taugt einfach nichts, das war für mich eine leichte Übung! Frauchen meinte, jetzt verpasse sie mir eine Kettenleine, die bekomme ich dann nicht mehr kaputt. Auf die Dauer werden ihr die Neukäufe zu teuer. Mal sehen, was sie da anbringt.

Wir waren noch mal Gassi und weil mein Frauchen noch Zeit hatte, besuchten wir ihre Freundin Uta. Die hatte früher auch zwei Hunde und freute sich, hauptsächlich mich zu sehen. Wir waren dann bei ihr in der Küche und mein Frauchen schloss ganz schnell alle Türen zu den anderen Zimmern, damit ich nicht überall herumstöbern kann. Schade, denn bei Uta lag so viel schönes Zeug herum, mit dem ich gerne gespielt hätte. Sie hatte ja keine Hunde mehr und offensichtlich vergessen, dass alles, was auf dem Boden liegt oder mit der Schnauze erreichbar ist, dem Vierbeiner gehört.

Uta hatte auch Leckerlis für mich gekauft, aber leider nicht mehr gefunden. Obwohl ich meine Schnauze auch in die Speisekammer steckte, konnte ich sie nicht entdecken. Aber das macht nichts, ich komme ja wieder! Zur Entschädigung, weil Uta die Leckerlis nicht auftreiben konnte, bekam ich dann zwei Scheiben Käse. Das war auch sehr fein!

Wir blieben leider nicht lange, weil Uta am anderen Tag in Urlaub fliegen wollte und noch so viel zu tun hatte. Schade, ich hätte gerne noch etwas bei ihr aufgeräumt, aber das kann ich ja noch nachholen. Erst einmal wünschten wir ihr einen schönen Urlaub – ich mit meinem treuen Hundeblick – und gingen wieder heim.

So, für heute habe ich genug berichtet und lege nun eine Schlafrunde ein,
Euer Paul

Es kam ein Brief für mich

Hallo, lieber Paul,

jetzt habe ich mir endlich die Zeit genommen und alle Deine Berichte gelesen, ich bin begeistert davon! Wie ich sehe, sind Deine Tage recht abwechslungsreich, schade nur, dass Du nicht alles machen darfst, was Dir gerade Spaß bereiten würde. Aber das ist normal in Deinem Alter, die Verbote überwiegen. Das muss aber so sein, bis du gelernt hast zu entscheiden, was erlaubt ist und was nicht. Zum Beispiel das Hörgerät von Deinem Frauchen ist natürlich kein Spielzeug beziehungsweise ein viel zu teures! Aber woher sollst Du das wissen?

Ich kann gut verstehen, dass Dir die Karotten nicht schmecken, glaube mir, mir ist ein Stück Wurst auch lieber. In Deinem Alter schon auf die Figur achten? An Deiner Stelle würde ich wohl die Ärztin wechseln, obwohl sie sicherlich Recht hat wenn sie meint, dass Du weniger fressen sollst, es ist gesünder und besser für die Figur.

Ich freue mich schon, wenn Du mich wieder besuchen kommst, ich werde neue Leckerlis kaufen, die anderen habe ich zu gut versteckt, so etwas mache ich übrigens oft.

Ich freue mich auf neue Berichte von Dir und Deine Erlebnisse

Ein lautes Wau, Wau für Dich und Grüße an Deine Herrschaften.

Meine erste Fanpost von einer Freundin meiner Herrschaften

Inzwischen bekomme ich immer mehr Post. Das können wir hier gar nicht alles unterbringen, sagt mein Frauchen.

Bericht 10 • Ich habe schon viel gelernt
Mai 2011

Hallo, da bin ich wieder. Ich habe schon wieder so viel zu berichten – diesmal fast nur Positives. Jawohl, ich könne auch ganz brav sein, sagte mein Frauchen.

Also, diese Woche habe ich einen Bogen um die Blumen gemacht und die Schuhe stehen lassen, meistens jedenfalls. Nur ab und zu trage ich sie noch durch die Wohnung und verstecke sie, aber nicht mehr so oft. Mein Geschäft erledige ich jetzt fast immer am Feld. In den Garten mache ich kaum noch. Das ist ja mein Zuhause und das soll sauber bleiben.

Ach ja, ich bin schon fast groß. Beim Pinkeln hebe ich jetzt das Beinchen an wie die großen Hunde. Manchmal wackele ich noch ein wenig, aber meistens klappt es. Mein Frauchen sagt, das sei ein Zeichen, dass ich erwachsen werde. An der Leine gehe ich jetzt auch schon ganz brav, nur wenn ich ganz dringend muss, ziehe ich noch etwas fest. Mein Frauchen rennt dann mit mir ans Feld, das sei gut für ihre Figur, sagt sie. Sie ist dann ganz außer Atem und ich gehe ganz gemütlich ins hohe Gras und erledige mein Geschäft. Wenn ich fertig bin, hat sie sich auch schon wieder erholt und wir laufen noch ein ganzes Stück weiter. Heim gehen wir dann ganz gemächlich.

Ich muss mich schon wieder selbst loben! Wenn ich mit anderen Hunden spiele und mein Frauchen ruft, dass ich kommen soll, mache ich das auch – zwar nicht gleich beim ersten Mal, aber ich komme. Da meint mein Frauchen, dass das noch besser werden muss. Daran üben wir jetzt.

Gestern in der Hundeschule war es sehr heiß. Keiner meiner Mitschüler hatte so richtig Lust, etwas zu lernen. Aber die Hundetrainerin sagte, dass sei normal, und ließ uns die meiste Zeit spielen. Das war auch ganz schön, es war trotzdem sehr anstrengend und im Auto auf der Heimfahrt habe ich gleich gepennt.

Wir waren dann noch bei den Nachbarn zum Kaffeetrinken – ich bekam nur Wasser –, dort legte ich mich auch ganz still auf die Terrasse und döste so vor mich hin. Meine Herrschaften und unsere Nachbarn redeten die ganze Zeit und ich langweilte mich! Da musste ich mal nachgesehen, was es alles zu entdecken gibt. Auf einmal fand ich den Beutel mit den Leckerlis, die unsere Nachbarin für mich gekauft hatte, die wollte ich gleich alle auf einmal fressen. Das durfte ich aber nicht und bekam nur zwei davon, nun ja, da muss ich eben bald wieder hin und mir den Rest holen!

Heute war ich mein Frauchen echt verblüfft! Wieso? Ich erzähle es Euch: Die Tierärztin hatte ja gesagt, dass ich Quark, Joghurt und Magerfrischkäse fressen darf. Als eine Käseschachtel leer war, gab mein Frauchen sie mir in der Küche zum Auslecken, aber das Ding rutschte in der ganzen Küche herum und so gelang mir das nicht. Da schnappte ich mir die Schachtel mit meiner Schnauze und packte sie in meinen Fressnapf. Da konnte sie nicht mehr verrutschen – ich war ganz stolz! „Wie ausgespült“, lobte mein Frauchen. Und sie lief gleich zum Herrchen und erzählte ihm, wie schlau ich es angestellt habe, um an den Rest Käse zu kommen. Beide meinten sogleich, darauf sei keiner meiner Vorgänger gekommen. Da war ich noch stolzer auf mich!

Diese Woche durfte ich mit zu Oma in den Garten, da wollte mein Herrchen den Rasen mähen. Ich lag ganz ohne Leine in der Wiese und es überkam mich nicht einmal wegzulaufen. Vielleicht war das nur, weil ich auf dem Kompost einen alten Knochen gefunden hatte, der so herrlich duftete! Aber egal, ich war brav und legte den Knochen auch wieder auf seinen Platz zurück, bevor wir heimfuhren. Hoffentlich besuchen wir bald wieder Oma, dann kann ich am Knochen weiterknabbern.

Bis zum nächsten Mal,
Euer Paul

Bericht 11 • Das erste Mal auf dem Dorffest
29. Mai 2011

Hallo, Ihr Lieben, da bin ich wieder! Ich habe mich ja jetzt eine Zeitlang nicht gemeldet, aber jetzt habe ich wieder so viel zu berichten. Womit fange ich nur an? Vielleicht am besten mit der Hundeschule.

Da waren wir gestern das elfte Mal. Zwei neue Labi-Mixe waren auch da. Sie sehen genauso aus wie ich, als ich noch klein war. Aber es wird immer schwieriger für mich, mit den ganz kleinen Hunden zu spielen. Ich liege dann ganz majestätisch da, die Pfoten überkreuzt, und schaue mir das Treiben ganz gelassen an. Wenn wir dann etwas üben, bin ich wieder voll dabei, denn dann erst gibt es die Leckerlis.

Meine Trainerin hatte gestern Mitleid mit mir. Sie sagte zu meinen Herrschaften, ich würde mich langweilen – was auch stimmt – und empfahl ihnen, ab nächsten Samstag mit mir in die nächste Gruppe zu wechseln. Das machte mich richtig froh! Zwar bin ich dann dort wieder der Kleinste, aber ich setze mich schon durch. Ich bin mächtig gespannt.

Abends durfte ich dann mit auf das Dorffest. Meine Güte, waren da viele Leute und es roch überall so gut! Und laut war es dort, kaum auszuhalten für meine empfindlichen Ohren. Aber meine Herrschaften meinten, ich muss das alles lernen, dann darf ich im Herbst mit in den Wanderurlaub. Sie sagten, auf den Hütten in den Bergen geht es auch meistens laut zu.

Also legte ich mich zum Gotterbarmen unter den Tisch. Rumlaufen durfte ich ja nicht, weil auch so viele Kinder da waren, die aber kamen angelaufen und spielten mit mir.

Auch andere Hunde waren da. Was für eine Schande, alle waren an der Leine und wir konnten nicht herumtoben! Dann wäre es auch für mich ein schönes Fest gewesen. Aber nach einer Weile hatte mein Frauchen Mitleid mit mir und meinte, fürs erste Mal sei es genug. Wir gingen dann ganz gemütlich nach Hause. Dort legte ich mich gleich auf mein Schlafkissen und pennte sofort ein. Das war vielleicht ein anstrengender Tag für mich, erst die Hundeschule und dann noch das Dorffest!

Aber heute Morgen war ich schon wieder ganz fit und voller Tatendrang. Am Feld, beim Morgenspaziergang, sah ich ein Reh, das ich schön in Ruhe ließ, aber ein paar Hasen lief ich schon nach. Doch die Biester waren so schnell, dass ich es gleich wieder aufgab, sie zu fangen.

Katzen folgte ich auch schon, aber die schlüpften dann durch Zäune, wo ich nicht hindurchpasse, und waren weg. Dabei wollte ich doch nur mit ihnen spielen! Das begreifen Katzen wahrscheinlich nicht. Wenn sie weg sind, gehe ich ganz zerknirscht zu meinen Herrschaften zurück, setze mich vor sie hin und hebe das Pfötchen als Entschuldigung. Dann sind sie gar nicht böse mit mir und geben mir immer ein kleines Leckerli. Das rieten die Ausbilder in der Hundeschule, immer wenn ich gekommen bin, soll ich eine Belohnung kriegen. Jawohl, das sagten sie!

Und wenn die Karotten gekocht sind, mag ich sie inzwischen ganz gerne. Wenn dann noch ein Klecks Joghurt darauf kommt, sind sie richtig lecker! Wurst ist mir zwar lieber, aber die bekomme ich nicht. Die mache dick, sagt mein Frauchen, Karotten seien gesünder. Aber besser als hungern, sage ich mir.

Aber sonst verläuft mein Leben ganz ruhig. Fressen, spazieren gehen und schlafen, das sind meine Hauptbeschäftigungen, ab und zu mal an einer Blume knabbern oder Löcher buddeln, wenn es gar zu langweilig wird. Aber dann bekomme ich gleich wieder „Nein, Paul!“ zu hören. Also versuche ich, mich ganz brav zu benehmen. Das wird schon, sagen meine Herrschaften immer.

So, für heute ist es genug,
Euer Paul

Bericht 12 • Ich reiße mich zusammen
2. Juni 2011

Hallo, Ihr Lieben, ich habe Euch nicht vergessen. Es hat sich schon wieder so viel ereignet, dass ich es Euch gleich erzählen muss!

Also, ich hörte, wie mein Frauchen mit meiner Ziehmutter, Frau Bender, sprach. Sie lobte mich, dass ich schon richtig vernünftig sei! Das machte mich so froh, denn ich darf bald zu ihr in Urlaub gehen. Meine Herrschaften planen eine Radtour am Bodensee und da kann ich nicht mit. Sie sind schön blöd, den ganzen Tag strampeln! Ich dagegen treffe meine Mama Lilly und meine Schwester Finja wieder, da können wir schön zusammen spielen. Ich freue mich schon riesig darauf und habe mir vorgenommen, ganz lieb zu sein, damit ich meine Herrschaften nicht blamiere.

Mein Frauchen hat auch der Frau Bender erzählt, dass ich die Schuhe jetzt in Ruhe lasse – aber nur, weil so komische Tropfen an ihnen sind.

Als wir am Sonntag vom Dorffest heimgekommen waren – ich durfte ein zweites Mal mit –, ging der Spieltrieb mal wieder mit mir durch. Mein Frauchen hatte so schöne Schuhe an und tatsächlich vergessen, auch an sie das stinkige Minzöl zu machen. Als sie dann ganz vertieft einen Fernsehkrimi schaute, holte ich mir einen Schuh und knabberte daran herum. Ich lag genau vor ihr, aber sie meinte, dass ich ihren alten Hausschuh habe, den sie mir gegeben hatte, und ließ mich knabbern. Von wegen, der neue Schuh war viel besser! Ich verhielt mich ganz still, damit mein Frauchen in Ruhe fernsehen konnte. Jawohl, eigentlich war ich ja ganz brav, bis auf dass ich das gute Stück zerbiss.

Mein Frauchen sah erst am nächsten Morgen, was ich da angerichtet hatte. Da war sie schon ganz böse mit mir und schimpfte: „Jetzt kommen Tropfen auf alle Schuhe!“ Puh, wie grässlich, da muss ich mir etwas Neues suchen. Aber das war mein einziger Ausrutscher.

Alles, was ich finde, muss ich in meine Schnauze nehmen und herumtragen

Ich muss noch von meiner Nachbarschaft berichten. Also wenn die mich sieht, ruft sie immer gleich, dass ich kommen soll, das lasse ich mir natürlich nicht zweimal sagen. Die Leute freuen sich doch immer so sehr, wenn ich schwanzwedelnd auf sie zurenne. Dann streicheln sie mich und loben mich, dass ich auch auf sie höre.

Gestern lag ich zwei Stunden bei den Nachbarn hinter unserem Haus auf der Terrasse. Mein Frauchen schaute ab und zu, ob ich heimwill, aber ich wollte bleiben. Da waren die Enkeltochter und die Nichte zu Besuch, die beiden spielten die ganze

Zeit mit mir. Aber dann entdeckte ich, dass sie auch einen Gartenteich haben, und wollte unbedingt hinein, aber das wollte unsere Nachbarin Rita nicht. Sie brachte mich heim, denn sie meinte, ich sei ja ganz nass vorm Schlafengehen.

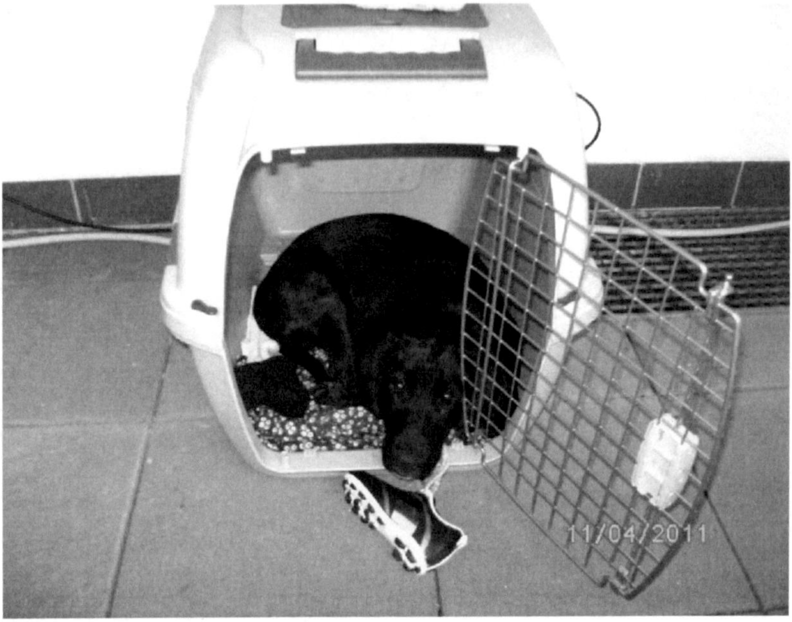

In meiner Hundebox fühle ich mich sicher. Da liege ich gerne drin und kann alles gut beobachten

Schade, ich wäre gerne noch bei den Nachbarn geblieben, aber ich darf bald wieder hin. Michelle, die Enkeltochter von Rita, hat versprochen, mit mir einen langen Spaziergang zu machen. Darauf freue ich mich schon!

Mit ihrem Opa Norbert war ich schon spazieren, da war ich aber so müde von der Hundeschule, dass ich gar nicht mehr laufen wollte. Wenn Michelle genug Leckerlis für mich dabeihat, passen wir prima zusammen. Ich versprach mit meinem treuen Hundeblick auch meinem Frauchen, dass ich mich ganz gut bei Michelle benehme. Außerdem stellte ich schon fest, dass, wenn ich alle Nachbarn ganz lieb mit schräggestelltem Kopf und Schwanzwedeln ansehe, mir keiner böse ist. Eine gute verständnisvolle Nachbarschaft ist für einen kleinen Hund mit vielen Dummheiten im Kopf sehr wichtig, sagen meine Herrschaften.

Ach ja, das habe ich fast vergessen, Rita schenkte mir so eine schöne Decke zum Schlafen. Darauf liege ich jetzt jede Nacht und träume von meinen Erlebnissen.

Also, meine lieben Freunde, ich melde mich erst wieder, wenn ich von meiner Ziehmutter, Frau Bender, und meiner richtigen Mutter und Schwester zurück bin. Da habe ich bestimmt viel zu berichten.

Alles Liebe bis dahin,
Euer Paul

Bericht 13 • Der Handwagen
13. Juni 2011

Hallo, meine lieben Freunde, da bin ich noch einmal, bevor ich morgen zu meiner Ziehmutter Frau Bender darf. Heute ereignete sich etwas, was ich Euch gleich erzählen muss, es war ja so schön!

Heute, am Pfingstmontag, begehen die Altstädter Kinder einen sehr schönen alten Brauch: Sie gehen mit ihren geschmückten Handwagen von Haus zu Haus und sagen ein Gedicht auf. Dann bekommen sie Geld, Eier oder Schokolade. Ich habe nur immer „drei Eier“ oder „Stick-Speck“ verstanden, aber dann hat mir mein Frauchen das ganze Gedicht aufgesagt. Es geht so, im Dialekt natürlich, obwohl mein Frauchen ja gar nicht aus dem Saarland ist. Aber so ähnlich klingt es:

Quack, quack, etz sinn die liewe Pingschte do,
do hamer nix zu koche als wie a bißche Katzeflesch
unn a paar rappeldürre Knoche.
Quack, quack, drei Eier odder a Stick-Speck,
ehr gehm ner net von der Haustür weg.
Quack, quack, quack.

Ich war natürlich jedes Mal mit an der Tür und hörte zu. Einmal schoss mein Frauchen Fotos vom Quack und ich durfte mit auf das Bild. Ihr müsst Euch das so vorstellen: Auf einen Handwagen kommt ein Holzgestell und das wird mit Grün zugebunden. Dann wird das Gestell ganz verschieden geschmückt, mit bunten Bändern oder mit Luftballons. Früher wurde der Quack nur mit gelb blühendem Ginster behangen, aber in den letzten Jahren war der Ginster zu Pfingsten immer schon verblüht. Jetzt wird einfach anderes Grün genommen, das, was gerade da ist. Das gehe genauso gut, sagt mein Frauchen.

Stefan und Christian nahmen jedes Jahr, als sie noch klein waren, an dieser Zeremonie teil. Meistens ziehen dabei drei oder vier Kinder einen Wagen. Das Geld und die anderen Geschenke werden dann redlich geteilt. Auf dem Dorfplatz treffen sich dann um ein Uhr alle Kinder und es gibt eine Prämie für den schönsten Quack. Da strengen sich natürlich alle Eltern besonders an, denn die Kinder können den Quack ja nicht alleine schmücken. Ach ja, die eingesammelten Eier werden alle zusammen im Feuerwehrhaus gebraten und die Kinder essen sie dann gemeinsam.

Eigentlich sollte hier ein Bild vom Pfingstquack sein, da bin ich mit Kindern und dem geschmückten Wagen zu sehen. Aber mein Herrchen meint, dass es aus Datenschutzgründen nicht erlaubt sei, fremde Kinder zu zeigen, vielleicht könnt Ihr es Euch auch so vorstellen

Da wäre ich so gerne dabei gewesen, aber mein Frauchen sagte, das sei nur für die Kinder, die einen Quack zurechtgemacht hätten. Ist das nicht ein schöner Brauch? Das musste ich Euch einfach erzählen!

Nur noch ganz kurz Folgendes: Ich war jetzt schon zweimal in der großen Hundegruppe. Da wird nicht mehr gespielt, nein, nur noch gelernt. Weil ich so lernbegierig bin – sagen meine Herrschaften –, halte ich gut mit. Ich möchte gar nicht mehr aufhören, durch Reifen zu springen und über kleine Dächer zu klettern. Ein ganz langer Tunnel ist da und verschiedene Hürden. Ich habe alle Hindernisse ganz elegant gemeistert, ich wusste ja, wenn ich es gut mache, gibt es immer eine Belohnung.

Dann übten wir noch „Platz!“ und „Bleib!“, aber das klappte nicht ganz so gut – ich verstehe nicht, warum ich liegen bleiben soll, wenn mein Herrchen weggeht. Manchmal befolgte ich das ja einen Moment, aber nicht so lange, wie ich sollte.

Mein Frauchen sagte, dass es für den Anfang ganz gut war. Sie hatte von außen zugeschaut, wie mein Herrchen und ich eifrig übten. Jawohl, mein Herrchen muss auch lernen, damit er mir die richtigen Kommandos und immer genug Leckerlis gibt. Also alles in allem, wir drei sind schon ein ganz gutes Team. Ehrlich!

So, jetzt melde ich mich erst wieder, wenn ich aus Schneppenbach – ein lustiger Name, nicht? – zurück bin. Dann habe ich bestimmt wieder viel zu erzählen.

Bis dahin liebe Grüße,
Euer Paul

Bericht 14 • Mein erster Urlaub
14. Juni 2011

Hallo Freunde, ich habe Euch doch schon erzählt, dass ich nach Schneppenbach in Urlaub darf. Also ich war dort und habe meine alte Familie besucht, davon will ich Euch erzählen.

Am Tag der Abreise brachten mich meine Herrschaften nach Idar-Oberstein, dort arbeitet meine Ziehmutter Ivonne. Ich erkannte sie gleich wieder und pinkelte vor lauter Freude auf den Parkplatz, dabei waren wir kurz vorher noch auf einer Wiese, damit dieses nicht passiert! Aber wenn ich mich so freue, verliere ich immer noch ein paar Tröpfchen. Mein Frauchen sagt immer, dass das nur Mädchen machen, und ich schäme mich dann, weil ich doch schon ein junger Mann bin.

Also Ivonne nahm es ganz gelassen und wir fuhren in ihrem Auto nach Schneppenbach. Vorher versprach ich noch meinen Herrschaften mit meinem treuen Hundeblick, dass ich ganz brav sein werde. Das hatte ich auch vor …

Als wir dann in Schneppenbach angekommen waren, pinkelte ich vor lauter Freude Jörg gleich auf die Hose. Jörg ist der Mann von Ivonne und auch ihn erkannte ich gleich wieder. Als dann meine Mutter Lilly und meine Schwester Finja auf mich zuliefen, musste ich vor lauter Freude gleich wieder pinkeln. Mann, war mir das peinlich! Aber Ivonne schimpfte nicht ein bisschen mit mir!

Auch die alte Schäferhündin, die auch eine Mitbewohnerin im Haus Bender ist, empfing mich ganz lieb und knurrte nicht, wie sonst üblich, Ich war gleich wieder wie zuhause und mit allen gleich per du.

Dann gingen wir alle zusammen spazieren und ich tobte mit Finja herum getobt. Anschließend gab es Nachtfressen für jeden in seinem eigenen Napf. Das hat ganz gut geklappt, aber Ivonne hat ja auch aufgepasst, dass ich den anderen nichts wegschnappe. Mein Frauchen hatte sie gewarnt, dass ich fürchterlich verfressen bin. Dafür kann ich aber nichts, ich bin ja im Wachsen und will groß und stark werden!

Dann war Zeit zum Schlafengehen. Wir, das heißt Lilly, Finja und ich, bekamen einen Schlafplatz im Schlafzimmer.

Hier liege ich mit meiner Mama Lilly auf einem Kissen, meine Schwester Finja muss alleine schlafen

Zuerst ging es ja auch ganz gut, aber so um halb drei Uhr wurde ich wach – alles war auf einmal fremd! Da musste ich mal nachschauen, wer da so im Bett liegt. Als ich Ivonne erkannte, leckte ich ihr vor lauter Freude zweimal das ganze Gesicht ab und mit meiner Rute veranstaltete ich ein Trommelfeuer, bis alle anderen auch wach waren.

Daraufhin hat uns Ivonne mit unseren Kissen in die Waschküche verfrachtet, aber das war nicht schlimm. Wir kuschelten uns ganz eng zusammen und schliefen bis sechs Uhr in der Frühe. Das ist so meine Zeit auch zuhause, in der es mir dann langweilig wird. Manchmal schlafe ich dann noch bis sieben Uhr, wenn ich meine Streicheleinheiten habe, manchmal auch nicht.

Am Mittwoch, den 15. Juni, gingen wir lange spazieren. Ich vernahm immer nur „Sitz!“, „Platz!“, „Fein!“, „Komm!“ und „Nein!“, das war vielleicht anstrengend für mich! Aber ich passte gut auf, denn ich wollte Ivonne ja nicht ärgerlich machen. Dann das Übliche: Frühstück, schlafen, toben, schlafen, Gassi gehen, schmusen, Abendfressen und wieder schlafen. Ich hatte gar keine Zeit, um Dummheiten zu machen.

Am Donnerstag ging es im Hause Bender schon sehr viel ruhiger zu. Alle hatten so viel miteinander getobt, sodass jetzt mehr Ruhe angesagt war. Wir kuschelten uns alle in der Waschküche zusammen und schliefen viel. Ach ja, beim Gassigehen freundete ich mich auch noch mit anderen Schneppenbacher Hunden an, mit Mädels und Jungs gleichermaßen. Wenn ich mal wieder dahin komme, kennen sie mich schon.

Meinen neuen Freunden und Euch liebe Grüße,
Euer Paul

Bericht 15 • Ich und stur?
20. Juni 2011

Am Freitag, den 18. Juni, ereignete sich so gar nichts. Abends holte mich Christian dann wieder ab und ich sprang vor lauter Freude gleich in meine Hundebox und schlief, bis wir wieder in Altstadt waren. Ich glaube, im Großen und Ganzen waren Ivonne und Jörg mit mir zufrieden, denn sie sagten zu meinen Herrschaften, dass ich wiederkommen darf. Da war ich natürlich ganz stolz und glücklich.

Aber Ivonne – das muss ich noch erzählen – schickte meinem Frauchen auch eine SMS an den Bodensee. Darin schrieb sie, ich sei stur. Also so etwas, ich bin immer noch ganz empört, ich und stur! Das stimmt doch gar nicht, nur weil ich an der Leine beim Spazierengehen noch manchmal so fest ziehe? Ha, stur! Ich will doch immer nur der Erste sein und alles sehen. Meistens laufe ich ja ganz brav an der Leine, nur manchmal geht mein Temperament mit mir noch durch. Aber ich lerne das jetzt und wenn ich wieder nach Schneppenbach komme, beweise ich es Ivonne, dass ich doch nicht dickköpfig bin.

Als wir nach dem Gassigehen wieder daheim waren, war sie auch wieder ganz lieb zu mir und hat mich kleiner Knuddelbär genannt. Da war ich gleich wieder besänftigt und habe mich streicheln lassen und habe eine ganze Weile mit ihr geschmust. Aber stur, nein so etwas!

Ich war dann bis Sonntagabend bei Stefan und Christian, bis meine Herrschaften vom Bodensee zurückkamen. Wir, das heißt Stefan, Christian und ich, waren in Limbach auf dem Sportfest, aber da war es so laut, dass ich auch mal heftig unterm Tisch bellte, und zwar so lange, bis sie mit mir heimgingen. Stellt Euch vor, als meine Herrschaften heimkamen, passierte mir schon wieder die gleiche Peinlichkeit! Langsam kommen mir Zweifel, ob sie mit dem Mädchen vielleicht nicht doch Recht haben?

So, meine lieben Freunde, das war ein langer Bericht. Ihr wisst jetzt, wie es mir in meinem ersten Urlaub ergangen ist. Daran könnte ich mich gewöhnen, denn da wird man so schön verwöhnt, zum einen weil man so in Empfang genommen wird wie daheim und man seine Herrschaften nicht vermisst und zum anderen wieder zuhause beim Wiedersehen.

Bis zum nächsten Mal,
Euer Paul

Das ist meine Lieblingsbeschäftigung auf dem Feld. Mit der Schnauze bin ich schon ganz schön tief im Feld. Aber bis jetzt habe ich immer noch keine Mäuse gefunden, obwohl ich sie rieche.

Bericht 16 • Feier bei den Nachbarn
6. Juli 2011

Hallo, alle meine Freunde, der Kreis meiner Fans wird immer größer. So viele Freunde wollen wissen, was ich so alles treibe. Also berichte ich nun, was mir in der letzten Zeit so alles widerfuhr.

Stellt Euch vor, ich war auf einer Gartenparty bei unseren Nachbarn Heidi und Jochen. Zuerst sollte ich ja gar nicht mit und ich lag ganz traurig auf unserer Terrasse. Dort hörte ich immer so viele Stimmen aus dem Nachbargarten, das gefiel mir gar nicht, muss ich schon sagen. Aber dann fragte mein Frauchen Heidi, ob ich mal kommen dürfe. Sie hatte nichts dagegen.

Mein Frauchen holte mich und trichterte mir dann ein, dass ich ganz lieb sein müsse, sonst bringe sie mich wieder zurück. Ich versprach es auch mit meinem treuen Hundeblick! Na ja, lange hielt mein Versprechen nicht …

Ich begrüßte erst einmal alle Gäste eingehend und holte mir meine Streicheleinheiten ab. Dann begannen Cedric und Lilly, die Enkelkinder von Heidi und Jochen, mit mir zu spielen. Stellt Euch vor, Lilly heißt das Mädchen, genau wie meine Mama, wir waren gleich ein Herz und eine Seele. Ich durfte zwar nicht gleich von der Leine, weil so viele Gäste da waren, aber das machte mir nichts aus. Cedric folgte mir mit der Leine in der Hand überall dorthin, wohin ich ihn zog. Das war einfach, ich bin nämlich viel kräftiger als er!

Weil ich mich ganz brav benommen hatte, befreite mich dann mein Herrchen von der Leine. Als Erstes stand ich gleich mal im Wasserbecken und erfrischte mich. Dann – es war wie verflixt – entdeckte ich die Schwenker. Alle Gäste lauerten, was ich nun mache. Mein Frauchen meinte nur, da gehe ich nicht ran, weil sie sehr heiß sind, und außerdem kenne ich das Schwenken von zuhause. Aber weit gefehlt!

So sieht ein saarländischer Schwenker aus. Hier sind ein paar Scheiben Fleisch darauf, leider nicht für mich

Ich wollte nun allen zeigen, dass ich keine Angst habe. So schnell konnte niemand schauen, wie ich mir einfach ein Stück Fleisch klaute, zugegeben, es war verdammt heiß! Ich bekam so viel Beifall, dass ich erst richtig aufdrehte. Ich warf das Fleisch ein paarmal mit der Schnauze in die Luft, bis ich es fressen konnte. Auch musste ich meine Beute ganz schön verteidigen, mein Frauchen wollte sie mir nämlich wieder abnehmen. Das konnte ich aber nicht zulassen und das erwarteten die Gäste auch nicht von mir. Danach musste ich bis zur Übungsstunde in der Hundeschule wieder alleine daheim bleiben. Die verlief nicht ganz so gut, denn ich war viel zu müde zum Üben.

Nach der Hundeschule durfte ich überraschenderweise doch noch einmal mit auf die Gartenparty. Viele Gäste waren schon gegangen und ich tollte wieder mit Cedric und Lilly herum. Was dann passierte und warum, weiß ich nicht. Ehrlich! Wir waren ausgelassen und ich sprang vor lauter Freude immer höher. Plötzlich fing Lilly an zu weinen. Ob ich ihr wehgetan hatte? Ehrlich, ich weiß es nicht, es hatte auch niemand so richtig hingeschaut. Da war mein Frauchen trotzdem böse mit mir und brachte mich umgehend heim. Da lag ich nun ganz alleine auf unserer Terrasse und bedauerte, dass mein Übermut wieder mit mir durchgegangen war. Aber schön war der Tag doch!

So viele Streicheleinheiten und immerzu „Ah!“ und „Oh!“ habe ich schon lange nicht mehr bekommen.

Ach ja, ich muss noch ganz kurz von meinem Ausflug an den Jägersburger Weiher berichten. Das ist ein großer Weiher, ganz in der Nähe, wo wir wohnen. Leider dürfen da die Hunde nur an der Leine laufen. Aber das machte nichts, mein Herrchen hatte eine ganz lange Leine von acht Metern mit dabei. An dieser sprang ich ins Wasser und machte meine ersten Schwimmversuche – mit Erfolg! Ich wollte überhaupt nicht mehr aus dem Wasser heraus, so viel Spaß machte es mir: rein ins Wasser, schwimmen und wieder heraus, trockenschütteln und gleich wieder hinein … Hoffentlich gehen wir da bald mal wieder hin.

Wir waren dann noch in einem Restaurant zum Essen. Ich lag ganz brav unterm Tisch, knabberte an meinem Dauerknochen und ließ meine Herrschaften in Ruhe essen. Sie waren ja am Weiher auch richtig lieb zu mir, das musste ich nun gebührlich würdigen.

Bis zum nächsten Mal, meine lieben Freunde,
Euer Paul

Bericht 17 • Pilze suchen im Wald

16. August 2011

Hallo, liebe Freunde, da bin ich wieder mit einer Menge Erlebnisse! Am besten fange ich mit den Pilzen an …

Also das war so, mein Frauchen ging abends mit mir am Waldrand Gassi und fand überraschenderweise drei Steinpilze. Da war die Freude groß, weil die ja normalerweise viel später wachsen! Von da an gingen wir jeden Tag mindestens zwei, drei Stunden in den Wald, eine ganze Woche lang. Und ich durfte mit und ohne Leine umherstromern. Stellt Euch das vor, so ganz ohne Leine! Und warum?

Ich höre jetzt schon so gut auf mein Frauchen und wenn es mich ruft, komme ich fast immer ganz schnell angerannt. So zu fünfundneunzig Prozent klappe es sehr gut, sagt mein Frauchen. Wenn ich dann schwanzwedelnd auf sie zukomme, gibt es immer ein Leckerli als Belohnung, das habe ich schon rausgefunden. Auch wenn andere Leute oder andere Hunde sich nähern, lege ich mich erst einmal auf den Boden und warte ab. Manchmal darf ich dann hin, aber wenn die Leute und Hunde fremd sind, pfeift mein Frauchen mich zurück. Jetzt hat sie sich so eine schrille Pfeife angeschafft, weil sie selbst nicht pfeifen kann. Mann, ist das Ding entsetzlich für meine Ohren, da komme ich lieber gleich! Aber ich schweife ja von den Pilzen ab.

Also, wie ich sagte, wir waren jeden Tag, eine ganze Woche lang, im Wald und mein Frauchen hat jede Menge Steinpilze gefunden. Sie war ganz happy – und ich erst! Da gab es so viel Neues zu erschnüffeln. Abends war ich ganz schön schlapp vom vielen Herumrennen. Und dann wie abgeschnitten …

Wir verbrachten die zweite Woche auch stundenlang im Wald, stromerten hin und her, aber fanden keine Pilze mehr. Das war vielleicht schade! Mein Frauchen sagte zu mir, dass wir nun bis zum Herbst warten müssen, da gebe es sicher noch mal richtig viele Pilze. Wir gehen jeden Tag mindestens viermal Gassi ans Feld oder auch in den Wald, aber nicht so lange – und das ist auch nicht dasselbe wie Pilze suchen! Nun heißt es also warten. Hm, aber was ist sonst noch passiert?

Einmal habe ich ein Reh aufgestöbert, das lag im hohen Korn. Ich wollte gerade am Rand mein Geschäft erledigen, da sprang das verrückte Vieh auf und war auch schon davon. Ich wollte gerade Gas geben und dem Reh nachlaufen, da pfiff mich mein Frauchen zurück. Da war ich ganz schön in der Zwickmühle! Meine Jagdkünste sagten „Lauf dem Reh nach!“ und mein Instinkt riet „Geh zum Frauchen, da wartet ein Leckerli auf dich!“. Was soll ich sagen, ich folgte meinem Gespür. Mein Frauchen lobte mich ganz arg und gab mir sogar zwei Leckerlis.

Seht Ihr, ich bin schon ganz schön vernünftig geworden!

Im Moment üben wir, dass ich andere Hunde, wenn sie mir begegnen, gar nicht beachte. Mein Frauchen hält mir immer ein Leckerli vor die Nase und wenn wir an dem anderen Hund vorbei sind, bekomme ich es. Aber nur, wenn ich brav war. Das versuchen wir jetzt beide. Meistens klappt es gut.

Am 15. August – das war im Saarland ein Feiertag – hatten meine Herrschaften jede Menge Besuch eingeladen und mir zuvor erzählt, dass sie fast jedes Jahr an diesem Feiertag ein Sommerfest veranstalten. Und nun überlegten sie allen Ernstes, ob sie mich zu Christian bringen sollen, aber der war zum Glück nicht zu Hause! Auch Stefan hatte keine Zeit, also musste ich daheim bleiben.

Mein Frauchen erklärte mir dann, wenn ich nicht brav bin, komme ich an die Leine und Fleisch werde auch keines geschwenkt, damit ich gar nicht in Versuchung komme, mir wieder eins zu klauen. Ich klaue doch nicht! Ich hatte mir bei den Nachbarn nur – unter Beifall! – ein Stück vom Schwenker stibitzt. Das war zwar lecker, aber sollte mir gar nicht gut bekommen. Nachts habe ich bei Christian alles herausgekübelt.

Aber jetzt zurück zum Sommerfest. Ich war so lieb – ja das haben die Gäste gesagt –, die meiste Zeit wenigstens. Nur zweimal juckelte ich bei einem Gast am Bein, da war Günter aber selber daran schuld! Alle Gäste hatten ihre Beine ordentlich auf den Boden gestellt, da konnte ich gar nicht juckeln. Aber Günter schlug immer die Beine übereinander und da musste ich einfach meine beginnende Manneskraft ausprobieren. Meine Herrschaften bemerkten das natürlich wieder gleich und schickten mich weg. Aber ich habe herausgefunden, dass Günter gar nicht mit mir böse ist.

Auch zerfetzte ich, nur aus Langeweile, eine alte Fliegenklatsche. Das sei nicht schlimm, sagte mein Frauchen, ich hätte wenigstens etwas Billiges zerbissen. Und ein kleines Loch fing ich an zu buddeln, aber nur ein ganz kleines. Mein Frauchen bemerkte es natürlich sofort und rief „Pfui!“. Brav, wie ich bin, hörte ich dann auch gleich auf.

Fazit zum Sommerfest ist, dass alles in allem meine Herrschaften mit mir recht zufrieden waren. Sie verrieten mir, dass ich, wenn ich mich weiterhin so gut benehme, mit in den Urlaub darf, darauf freue ich mich schon. Den ganzen Tag in den Bergen herumrennen, das wird toll!

Ach ja, meine Herrschaften entdeckten eine Hundepension ganz in der Nähe für mich. Nächstes Wochenende darf ich dort mal probewohnen. Davon schreibe ich Euch dann in meinem nächsten Bericht. Wenn es mir dort gefällt, darf ich dann ab und zu hin, wenn von meinen Herrschaften mal gar niemand da ist.

Ich melde mich wieder, wenn wir aus den Bergen zurück sind.

Bis dahin,
Euer Paul

Bericht 18 • Urlaub in Ehrwald

20. September 2011

Hallo, meine lieben Freunde, ich muss mich ganz dringend melden und Euch von meinem Urlaub in Ehrwald berichten, bevor ich wieder alles vergesse. Ich habe so viel erlebt, sodass ich das meistens nur stichwortartig erzählen kann. Nicht, dass Ihr denkt, ich mache Fehler, weil ich manches nur kurz beschreibe.

Also die Anfahrt war ziemlich langweilig, ich döste die meiste Zeit so vor mich hin. Nachdem wir angekommen waren, suchte ich gleich meinen Schlafplatz im Zimmer aus und wartete, bis meine Herrschaften ausgepackt hatten. Dann gingen wir gleich zu Hansi und Gerlinde Bucher und begrüßten sie. Bei Buchers hatten meine Herrschaften sonst immer gewohnt, wenn sie in Ehrwald waren, aber diesmal waren wir mit einer großen Gruppe angereist, da ging das nicht. Buchers kannten mich ja schon aus meinen Berichten, sie freuten sich so, mich kennen zu lernen, und ich war gleich wie daheim.

Zwei Enkelkinder von den Buchers waren auch zugegen und begannen sofort, mit mir zu spielen. Das war so schön, dass ich am liebsten gleich dageblieben wäre. Aber ich musste mit zurück ins Hotel, um die anderen Freunde aus der Wandergruppe zu begrüßen, jeder streichelte mich und spielte mit mir. Ich ahnte schon, das wird eine schöne Woche …

Nur wenn meine Herrschaften zum Frühstück oder Abendessen gingen, war es nicht so schön, ich musste alleine auf unserem Zimmer bleiben. Da war ich ganz brav und stellte auch nichts an. Auch war ich ganz leise und bellte nicht, wenn wir durch das Hotel gingen.

Ganz in der Nähe vom Hotel sind der Lerchenwald und auch der Gaisbach, da gingen wir morgens immer Erstes hin. Dort konnte ich prima mein Geschäft erledigen und auch gleich mein Morgenbad nehmen. Und nach dem Frühstück ging es immer gleich los in die Berge. Der schönste Weg für mich war der Altmühlensteig, da konnte ich die Hänge rauf- und runterrennen und gleich in den Bach springen. Es waren kaum andere Hunde unterwegs und so konnte ich die meiste Zeit ohne Leine laufen.

An der Ehrwalder Almbahn durfte ich dann zum ersten Mal mit der Gondel fahren. Das war schon komisch, in so ein laufendes Ding zu springen, aber ich meisterte das prima! Auf der Ehrwalder Alm trieb ich dann gleich mal die Kühe zusammen – das geht ja nicht, dass jede woanders liegt, die gehören doch zusammen! Ich weiß nicht, warum mein Herrchen mit mir so schimpfte und mich an die Leine nahm, ich bin doch ein Jagd- und Hütehund. Das Gleiche musste ich dann noch mal mit Schafen und Pferden probieren, aber da war mein Herrchen auch gleich wieder sauer.

Es ist aber doch das Größte für mich, Hänge hinauf- und hinunterzurasen. Wenn da nun mal solche Viecher liegen oder stehen, da kann ich doch nichts dafür. Aber die meiste Zeit war ich brav.

Ich schleppte immer einen riesigen Zweig mit mir herum, das hat den anderen Wanderern gut gefallen. Sie riefen mir immer zu, ich sei ein guter Holzsammler. Schade, dass meine Herrschaften keinen Kamin mehr haben, denn daheim bringe ich auch immer einen großen Prügel mit nach Hause.

Einmal berührte ich mit der Schnauze einen Elektrozaun. Ich wusste gar nicht, was mit mir geschah und fing an, ganz toll zu zittern, weil ich nicht wusste, wieso das passierte. Das Tor und der Elektrozaun waren so nahe beisammen, sodass ich, als ich durch die Pforte rannte, an den Zaun geriet. Bei so was muss ich in Zukunft vorsichtiger sein.

Wie gesagt, die meiste Zeit war ich brav und hörte gut, wenn meine Herrschaften mich riefen. Nur einmal überkam es mich und ich sprang eine ältere Dame an und machte ihr die Bluse dreckig. Mein Herrchen wollte ihr die Reinigung bezahlen, aber sie meinte, ein Kaffee sei genug. Sie bekam dann Geld für zwei Kaffees, da war sie ganz lieb zu mir und meinte, ich sei ja noch ein junger Hund und werde das schon noch lernen, dass man niemanden anspringen darf.

Ach ja, fast hätte ich vergessen zu erzählen, dass ich auch Busfahren gelernt habe, das war viel einfacher, als in die Gondel zu springen. Aber dann behauptete der Busfahrer, ich sei ein Schwarzfahrer, und alle haben gelacht. Hm, meine Herrschaften hatten doch eine Busfahrkarte! Dann erst kapierte ich, er meinte meine schwarze Farbe. Später, wenn er mich sah, rief er immer lauthals: „Da kommt ja der Schwarzfahrer!"

Auf die Zugspitze mussten meine Herrschaften auch unbedingt, da war es aber nicht so schön für mich. So viele Leute tummelten sich dort oben, man konnte sich kaum bewegen! Halt, etwas war doch ganz lustig: Ein junger Japaner fragte mein Frauchen, ob er mich fotografieren dürfe. Natürlich durfte er. Ich habe mich ganz schön in Pose gesetzt, „Sitz!" und „Platz!" gemacht und er hat mich in allen Lagen auf den Film gebracht und war ganz begeistert von mir – jetzt gibt es also auch in Japan Fotos von mir! Der junge Japaner verneigte sich mehrmals höflich und bedankte sich bei uns.

Das hatte ein kleiner amerikanischer Bub gesehen und wollte, mit mir zusammen, ein Foto haben. Da zeigte ich mich natürlich wieder von meiner besten Seite und seine Eltern machten ein paar Fotos von mir und ihrem Sohn. Vielleicht werde ich ja noch berühmt …

Dann beeilten wir uns, schnell von der Zugspitze wieder hinunterzukommen. Der Andrang wurde immer größer, wir erreichten nur mit Mühe den Lift. Endlich eine Gondel ergattert, habe ich mich erst einmal in ganzer Länge hineingelegt und die acht Minuten hinunter zum Tal geschlafen. Brav- und Fotogensein ist ganz schön anstrengend! Und nicht einer murrte in der Gondel, weil ich so viel Platz eingenommen habe.

Wir fuhren dann noch nach Biberwier und wollten dort auch auf den Berg. Da gibt es aber nur Sessellifte und damit bin ich noch nie gefahren. Der Mann am Lift meinte aber, das sei kein Problem, und ließ ihn ganz langsam laufen. Ich kapierte sofort, dass ich da auf das Ding hochmuss, das war schon komisch! Meine Herrschaften hielten mich fest, damit ich während der Fahrt nicht hinunterfalle, aber das Sesselliftfahren meisterte ich ganz gut. Hinunter ging es dann zu Fuß, damit ich nicht noch einmal in den Lift springen musste. Schade eigentlich, denn jetzt kann ich es ja!

Etwas muss ich noch erzählen: Wir waren in Grainau auf der Neuneralm, da lag hinter einem Bretterzaun eine weiße Schäferhündin. Es war Liebe auf den ersten Blick und Schnüffeln war angesagt. Aber wir konnten zusammen nicht kommen, sie lag hinter dem Zaun und ich davor. Nur unsere Schnauzen und Pfoten berührten sich.

Eine nette Schäferhündin! Wie Verliebte turtelten wir miteinander, bis ich weitermusste

So lagen wir etwa zwei Stunden sehnsüchtig da, bis meine Herrschaften aufbrachen. Jetzt weiß ich, was platonische Liebe bedeutet. Schade, mit der Hundedame hätte ich schön spielen können. So, das war es im Großen und Ganzen. Ich glaube, ich habe die Wanderfreunde nicht allzu viel gestört und darf im nächsten Jahr wieder mit.

Noch ein paar Erlebnisse von daheim. Ihr wisst ja, wir gehen immer ans Feld Gassi. Als das Gras ziemlich hoch war und mein Frauchen mich kaum noch sehen konnte, rettete ich zwei kleinen Fasanen das Leben. Das war so: Ich hatte eine Spur und lief der nach, plötzlich flatterten zwei Fasanenvögel in die Höhe. Ich sprang augenblicklich hoch, aber konnte sie nicht kriegen. In dem Moment schlich ein Fuchs, der vor dem Nest gelauert hatte, davon. Sofort wollte ich dem nach, aber mein Frauchen pfiff mich zurück. Das war zum Verrücktwerden! Jagen in die Höhe ging nicht und dem Fuchs nachrennen durfte ich nicht. Aber Ihr seht, wenn ich nicht gekommen wäre, hätte der Fuchs zumindest einen Fasan geholt. Ich, Paul, der Lebensretter. Jawohl! Jetzt ist das Feld abgemäht und mein Frauchen sieht immer gleich, was ich mache.

Einmal waren gleichzeitig acht Reiher auf dem gemähten Feld und haben Mäuse gefangen. Aber das habe ich jetzt schon gelernt: Alles, was sich in die Luft bewegt, ist nichts für mich, da komme ich nicht ran.

Jetzt sehe ich auch gleich immer die Rehe und Hasen auf dem Feld, aber wenn ich losrennen will, darf ich das auch nicht. Das ist schon ganz schön gemein! Wenn ich nicht höre, komme ich an die Leine.

Noch etwas ist passiert. Meine Herrschaften haben meinen schönen Gartenteich leergemacht, nur weil ich einmal ganz toll den Schlamm am Boden aufgewühlt habe. Ich sah danach wirklich nicht mehr schön aus und stank fürchterlich von dem Schlamm. Jeder sagte, dass ich verschwinden solle, weil ich so übel rieche, und meine Herrschaften wuschen mich gründlich.

Frisches Wasser kommt erst wieder im nächsten Jahr in den Teich, da muss ich mich eben so lange gedulden.

Noch etwas, was ich noch nicht lassen kann … Ich grabe für mein Leben gern Löcher in das Gras und lege mich dann rein. Dann heißt es auch gleich wieder „Paul, nein! Paul, lass das! Paul, das ist pfui!“ Was soll ich da machen, Löcher buddeln macht doch so viel Spaß!

So, das war eine Riesenberichterstattung von mir. Jetzt lest Ihr nur noch von mir, wenn wirklich was Neues passierte.

Bis später,
Euer Paul

Bericht 19 • Nachtrag zu meinem Urlaub in Ehrwald
22. November 2011

Hallo, liebe Freunde, ich muss gestehen, dass mir bei meinem letzten Bericht ein Fehler unterlaufen ist! Tatsächlich vergaß ich, meine Mitwanderin Sissy in Ehrwald zu erwähnen. Das ist mir ganz schön peinlich, wo sie doch jeden Tag in meiner Nähe war! Spielen konnte ich zwar nicht mit der kleinen Dame, denn sie hatte schon etwas Angst vor mir, weil ich so groß und stürmisch bin. Sie lief beim Wandern meistens vor mir her und ich ließ sie fast immer in Ruhe. Ich hatte ja die meiste Zeit einen riesigen Stock in der Schnauze und so konnte ich mich nicht um sie kümmern.

Das war eine meiner liebsten Beschäftigungen. Ich schleppte große Zweige den Berg hinauf - und wieder hinunter

Aber jetzt zu den neuen Ereignissen: Meine Herrschaften haben beschlossen, dass ich weiterhin in die Hundeschule gehen muss. Warum? Na ja, sie meinen, ich höre nur gut, wenn ich das will. Aber da muss ich mich wehren, so ganz stimmt das aber auch nicht! Ich höre schon, dass ich kommen soll, wenn wir auf dem Feld sind. Ich weiß auch, dass ich nicht so weit weglaufen und keine Rehe jagen darf. Doch wenn sie mich rufen und ich schon auf dem Weg zu ihnen bin, kommt immer irgendeine Ablenkung dazwischen.

Mal muss ich markieren, um meinen Duft zu hinterlassen, mal ist da eine Spur von irgendeinem Vieh, dem ich nachrennen muss, dann wiederum sitzt so eine freche Katze mitten auf dem Weg, die nicht weichen will. Also muss ich erst mal Ordnung schaffen, bevor ich zu meinen Herrschaften hinrenne und vor ihnen Sitz mache. Dann erwarte ich natürlich ein Leckerli, denn ich bin ja erschienen, wenn es auch etwas dauerte. Aber speziell mein Herrchen meckert dann mit mir rum und sagt, ich muss sofort beim ersten Rufen kommen. Seht Ihr, deshalb gehen wir weiterhin in die Hundeschule!

Es ist ja auch ganz schön dort und da benehme ich mich auch immer vorbildlich. Meistens! Also, wenn wir daheim sind, folge ich ziemlich gut. Ich habe in der letzten Zeit auch nur einmal ein paar Schuhe von meinem Herrchen zerbissen. Der Schuhmacher konnte sie zum Glück wieder heilmachen. Das hat zwar sechsundzwanzig Euro gekostet, aber immer noch besser, als ein paar neue zu kaufen, sagte mein Herrchen, denn sie sind so bequem.

Ich halte mich auch immer am liebsten dort auf, wo meine Herrschaften sind. Dann lege ich mich ganz eng an ihre Füße und passe auf, dass sie nicht ohne mich weggehen. Manchmal tun sie das schon und ich bin alleine im Haus. Aber das macht nichts, ich weiß ja, dass sie wiederkommen. Meistens darf ich ja auch mit. Autofahren ist meine ganz große Leidenschaft! Wenn die Autotür aufgeht, schwuppdiwupp sitze ich in meiner

Hundebox! Und da bekommt mich dann keiner raus, bevor wir nicht eine Runde gefahren sind.

Weil meine Tage noch nicht ausgelastet sind, hat mein Herrchen etwas Neues für mich gefunden: Wir fahren Rad. Jawohl! Das heißt, mein Herrchen fährt Rad und ich renne wie der Blitz neben ihm her. Mein Herrchen hat so ein komisches Gestänge an das Rad montiert, Abstandshalter, glaube ich, hat er gesagt. Der ist dafür da, dass ich beim Laufen nicht ins Rad springen kann. Unsere erste Strecke war nur kurz, damit ich mich ans Rad gewöhnen konnte. Aber jetzt laufe ich schon eine ganze Stunde mit, das macht vielleicht Spaß! Da bin ich hinterher ganz schön ausgepowert und müde. Aber wenn irgendjemand aus der Familie ruft „Paul, komm, Gassi gehen!“, bin ich sofort da. Das lasse ich mir nicht zweimal sagen, da komme ich schon beim ersten Rufen angerannt.

An die Winterzeit habe ich mich auch sehr schnell gewöhnt. Ich sei sehr mitfühlend, sagt mein Frauchen, denn ich lasse sie morgens bis halb acht Uhr schlafen. Dann aber stehe ich an ihrem Bett und lasse ihr keine Ruhe mehr! Auch wenn sie abends mal spät ins Bett geht, habe ich meine innere Uhr auf diese Zeit gestellt, Ordnung muss schließlich sein.

Meine Freundin Aika treffe ich zurzeit leider nicht. Ihre Herrschaften gehen mit ihr im Moment schon sehr früh Gassi, wenn noch keine anderen Hunde da sind. Sie ist nämlich heiß und ihre Menschen wollen nicht, dass sie Nachwuchs bekommt. Schade, Aika und ich, das gebe süße kleine Babys! Ich hoffe, bald können wir wieder zusammen spielen, da ist das Gassigehen noch sehr viel schöner.

So, mehr gibt es heute nicht zu berichten,
Euer Paul

Bericht 20 • Weihnachten und mein erster Geburtstag
12. Februar 2012

Hallo, liebe Freunde, viel hat sich bisher nicht ereignet, mal überlegen, was so in der letzten Zeit passierte.

Ich stelle kaum noch etwas an und befolge das, was von mir verlangt wird. Mein Frauchen sagt immer, als ob es einen Knall gegeben habe, als ich ein Jahr wurde. Ja, zu Weihnachten wurde ich ein Jahr alt und bin nun schon ein großer Junge. Als Geschenk habe ich eine Lyoner Wurst bekommen, erst wusste ich gar nicht, was ich damit anfangen soll, weil ich so etwas noch nie gefressen hatte.

Also Weihnachten, das war schon komisch für mich. Da stand doch plötzlich so ein riesiger Baum im Wintergarten und mein Frauchen hat so große und kleine rote und goldene Bälle daran gehängt. Das habe ich noch nie gesehen!

Mein erstes Weihnachten und zugleich mein erster Geburtstag, am 26. Dezember 2011

Sie hatte in diesem Jahr keine Strohsterne aufgehängt, weil sie meinte, ich würde die ja doch anknabbern. Und ich solle bloß nicht am Baum mein Beinchen heben. Das Beinchen in der Wohnung heben, das mache ich doch schon so lange nicht mehr. Aber ich konnte es mir dann doch nicht verkneifen, mit der Schnauze ab und zu an die schönen Bälle zu stupsen. Das war lustig! Aber als dann einige herunterfielen, war mein Frauchen auch gleich wieder sauer. Ich wurde dann immer gleich aus dem Wintergarten geschickt, damit keine Scherben in meine Pfoten kommen. Ja, ja, meine Herrschaften passen schon gut auf mich auf!

Ach, noch etwas: In der Weihnachtszeit standen überall so komische Sachen rum, an die ich auch nicht durfte. Nikoläuse und Schneemänner, hatte mein Frauchen gesagt, seien das und die werden jedes Jahr aufgestellt, und dicke Zapfen, die so gut rochen. All das durfte ich nicht berühren und so machte ich einfach einen großen Bogen um all dieses Zeug.

Nun ist alles wieder weggeräumt, aber was soll ich Euch sagen? Jetzt tauchen überall Hasen auf und bunte Eier liegen da rum! Aber leider, leider …, an die darf ich auch nicht und damit spielen schon mal gleich gar nicht.

Noch was muss ich Euch erzählen. Erst war der Winter wie ein schöner Frühling bei uns. Ich konnte mich lange Zeit im Garten aufhalten, es war überhaupt nicht kalt und die Luft roch so gut. Aber dann kam der Hammer, von einem Tag auf den anderen wurde es eisig kalt. Na ja, mir hat das weniger ausgemacht, aber mein Frauchen hat ganz schön gefroren beim Gassigehen. Da war ich dann auch wieder ganz lieb und beeilte mich, mein Geschäft ganz schnell zu erledigen.

Eigentlich war ich ja auch froh, wenn ich wieder daheim im Warmen war. Ich habe ganz schnell alle Plätze im Haus gefunden, wo im Boden die Heizungsrohre liegen, da ist es so richtig schön kuschelig.

Und wenn dann noch die Sonne in den Wintergarten und auf meinen Pelz schien, wollte ich auch nicht so unbedingt raus in die Kälte.

Es soll ja bald wieder wärmer werden. Ich freue mich schon darauf, denn dann fährt mein Herrchen wieder Rad mit mir und ich kann mich so richtig austoben. Auch kann ich wieder lange im Garten bleiben, darauf freue ich mich natürlich auch.

So hat doch alles sein Gutes – in der Winterzeit im Warmen so vor sich hin dösen und im Frühjahr wieder richtig fit werden. Und erst der Sommer, ich kann es kaum erwarten!

Ach ja, das muss ich auch noch schnell erzählen: Also wenn Lilo – das ist die Schwester von meinem Frauchen – kommt, dann hat sie kaum noch Angst vor mir. Am Anfang war das ja ganz schlimm, sie wollte überhaupt nicht mehr ins Haus kommen, solche Angst hatte sie vor mir. Und dabei bin ich doch so ein friedliebender Hund! Nur weil ich sie ein paarmal angesprungen hatte, ängstigte sie sich so vor mir. Das tat ich nur zur Begrüßung natürlich und nicht weil ich sie beißen wollte, wie sie dachte.

Aber jetzt haben wir uns beide aneinandergewöhnt – ich springe sie nicht mehr an und sie traut sich schon, mir über den Kopf zu streicheln.

So, das war es mal wieder. Bis zum nächsten Mal,
Euer Paul

Bericht 21 • Urlaub im Hundehotel
21. März 2012

Hallo Freunde, ich muss mich mal wieder melden und Euch erzählen, wie es mir geht. Also gleich vorneweg – *prima*!

Ich bin ein total zufriedener Hund, das sagen meine Herrschaften auch immer, wenn sie von mir erzählen. Wie sich das äußert? Na, ganz einfach: Ich bin richtig lieb und ruhig geworden und mit allem zufrieden. Ich belle kaum, freue mich mit jedem, der zu uns kommt. Besuch begrüße ich natürlich immer ganz ausführlich und bringe alle meine Spielsachen her zum Begutachten. Wenn dann der Besuch mit mir gespielt hat, gehe ich in mein Körbchen und lasse ihn in Ruhe.

Fressen, schlafen, spielen und Gassi gehen – ach, ist das manchmal langweilig! Einmal knabberte ich die Hausschuhe von meinem Herrchen etwas an, aber nur, weil er sie nicht weggestellt hatte. Mein Frauchen räumt ihre immer weg, da komme ich nicht ran.

Ach ja, drei Blumenstöcke meiner Herrschaften hatte ich auch angefressen und viele Blätter zerbissen. Aber nur, weil sie mich einen ganzen Abend alleine gelassen haben und mir so langweilig war. Den Kauknochen, den sie mir gegeben hatten, war aufgefressen und ich wusste nicht, was ich sonst noch tun sollte. Da probierte ich mal, wie die Grünpflanzen schmecken, ganz gruselig, muss ich Euch sagen! Aber es sind noch genügend Pflanzen da.

Also, alleine bleiben mag ich nicht so gerne. Aber wenn dann meine Herrschaften wiederkommen, ist die Freude riesengroß! Ich wedele wie verrückt mit meinem Schwanz, das tut schon manchmal weh, weil ich so toll um mich schlage! Aber da sind meine Herrschaften dann gar nicht böse mit mir.

Auch das muss ich Euch noch erzählen: Meine Herrschaften haben ein Hundehotel im Schwarzwald gefunden. Da waren wir im Januar am Geburtstag von meinem Frauchen. Dort durfte ich sogar mit in den Speisesaal und musste nicht alleine auf dem Zimmer bleiben. Das war so schön für mich! Ich habe ganz brav neben dem Tisch gelegen, auch nicht gebellt oder gezogen, als andere Hunde an mir vorbeimarschierten. Deshalb gehen wir dort auch wieder hin, ich freue mich schon.

Dann sind wieder ganz lange Spaziergänge angesagt. Wir waren trotz schlechten Wetters immer ganz lange draußen und ich war abends rechtschaffend müde. Vielleicht war ich auch deshalb so brav, weil ich so erschöpft war. Ich weiß es nicht.

Jetzt fahren wir jeden Tag wieder mindestens eine Stunde mit dem Rad. Das heißt, mein Herrchen fährt mit dem Rad und ich renne neben ihm her. Wenn er sieht, dass ich müde werde, kehren wir um.

Hier starten mein Herrchen und ich gerade zu einer Radtour, bald flitze ich neben dem Rad her, was die Beine hergeben

Ich habe all meinen Babyspeck verloren und bin ein schöner schlanker Jüngling geworden. Ich hoffe, dass das Wetter weiterhin so schön bleibt und wir jeden Tag mit dem Rad unterwegs sein können.

Ansonsten liege ich auf der Terrasse oder im Garten, döse so vor mich hin und genieße mein Hundeleben.

Bis zum nächsten Mal,
Euer Paul

Bericht 22 • Fasching und so
26. März 2012

Hallo, Fans, heute melde ich mich, weil mein Frauchen in seinem letzten Bericht was Wichtiges vergessen hat …

Also, es war wieder ein Faschingsumzug in Altstadt und mein Frauchen überlegte, ob es mich mitnehmen solle. Also *ich* wollte schon mit! Aber da kam sie mit so einem albernen rot-weiß gestreiften Hemd an und zog es mir über. Ich schaute erst mal ganz belämmert an mir herunter und wusste gar nicht, was ich damit machen soll. Ich war so verblüfft, dass ich sogar stillhielt, bis sie zwei Fotos von mir gemacht hatte.

Sehe ich nicht bescheuert aus für einen Hund? Mein Frauchen zog mir das Hemd auch gleich wieder aus, als ich ihr zu verstehen gab, dass die Verkleidung mir nicht gefiel

Aber dann begann ich, an dem albernen Kostüm herumzuzerren, und wollte es wieder loswerden, aber das war nicht so einfach. Schließlich erbarmte sich mein Frauchen … Nein, das war vielleicht grässlich! Ich musste mich danach ausgiebig mit der Fellpflege beschäftigen und verzog mich dann in meinen Korb. Und was soll ich Euch sagen? Ich durfte dann doch nicht mit auf den Umzug, alles Stillhalten war umsonst! Da war ich ganz schön beleidigt und habe mich ins Arbeitszimmer verzogen. Aber als dann meine Herrschaften wieder zurückkamen, begrüßte ich sie doch wieder lieb.

Gestern – das muss ich auch noch schnell erzählen – machten wir einen langen Spaziergang. Ich freue mich immer wie toll, wenn wir alle zusammen sind, da laufen wir meistens viel weiter, als wenn nur einer mit mir geht. Auf dem Rückweg fand mein Frauchen am Waldrand viele Veilchen und erklärte mir, dass das die ersten seien. Frauchen wollte ein paar pflücken, also schaute ich ganz interessiert zu.

Mein Herrchen ging schon weiter, da hörte ich plötzlich etwas rascheln und musste natürlich nachschauen, was das sei. Ich erblickte so eine stachelige Kugel, die bellte ich ganz gehörig an! Mein Frauchen war ganz schön erstaunt darüber, weil ich das doch sonst kaum tue. Plötzlich bewegte sich diese Kugel ganz schnell weg von mir, doch ich rannte hinterher. Ich konnte sie auch gleich stoppen und bellte wieder ganz laut. Dann nahm ich diese Stachelkugel ganz vorsichtig in meine Schnauze und brachte zu meinem Herrchen. Der war bestimmt schon über fünfzig Meter weiter weg. Na ja, etwas unangenehm war das schon in meiner Schnauze, aber loslassen wollte ich auch nicht. Ich legte dieses Ding meinem Herrn vor die Füße und wartete auf ein Leckerli, bekam aber leider keins. Mein Herrchen sagte nur, dass ich Igel nicht anbringen darf. Aha, Igel heißen diese Dinger also! Da lag nun so einer ganz regungslos auf der Wiese und ich musste schon wieder an die Leine.

Heute Morgen beim Gassigehen schaute mein Frauchen an der Stelle nach – der Igel war weg. Ich hatte ihn also nicht verletzt, da bin ich doch froh drüber!

Aber weil jetzt die Sommerzeit ist und die Uhren anders gehen, als meine innere Uhr mir anzeigt, bin ich ganz durcheinander. Auch wissen die Rehe noch nicht, dass Sommerzeit ist. Heute Morgen waren gleich vier von ihnen am Feld, standen da, ohne sich zu rühren. Mein Frauchen ließ mich an der Leine, damit ich sie nicht jagen konnte. Wir entfernten uns dann ziemlich weit von den Rehen, damit ich mein Geschäft verrichten konnte. Als wir dann zurückkamen, waren die blöden Viecher auch weg und ich durfte dann noch ein wenig ohne Leine rennen.

Auslauf brauche ich morgens! Wenn ich so lange im Körbchen gelegen habe, ist alles steif bei mir.

Bis zum nächsten Mal,
Euer Paul

Bericht 23 • Warum tut ihr das?
8. Juli 2012

Freunde, glaubt mir, meine Herrschaften sind ja so gemein! Jawohl, ganz gemein waren sie zu mir. Ich wurde heute Morgen entmannt. Könnt Ihr Euch das vorstellen? Ich bin jetzt noch ganz erschüttert! Darüber muss ich Euch nun berichten, warum ich kein Mann mehr bin.

Also, das kam so: Mein Frauchen und ich waren in der letzten Woche spät abends noch im Wald. Wir fahren dorthin immer mit dem Auto, weil es meinem Frauchen zu anstrengend ist, mit mir durch das ganze Dorf zu laufen. Manchmal ziehe ich nämlich noch ganz schön an der Leine, immer dann, wenn wir neue Wege gehen und ich so viel zum Schnüffeln habe. Als wir an dem Waldrand ankamen, stand dort schon ein anderes Auto. Was soll ich sagen, gleich als ich aus dem Auto heraus war, erschnüffelte ich die Spur von einer heißen Hündin und weil ich so groß und stark bin, zog ich mein Frauchen ganz toll hinter mir her!

Ich war durch nichts zu bremsen und rannte genau denselben Wege wie vor mir die heiße Hündin. Mensch, welch eine Spur, ich wollte sie einfach finden! Und mein Frauchen hing an der Leine und konnte nicht loslassen. Es wurde schon dunkel und Frauchen hatte Angst, dass es mich dann nicht mehr findet, und rannte eine halbe Stunde hinter mir her. Plötzlich waren wir wieder an unserem Auto, doch das andere war verschwunden. Wahrscheinlich saß darin meine unbekannte Freundin. Ich rannte wie verrückt auf dem Parkplatz umher, aber die Spur war weg. Mein Frauchen war vielleicht böse mit mir und schimpfte: „Jetzt wirst du kastriert!“ Auweia, das hatte sich gar nicht gut angehört.

Wir waren dann bei der netten Tierärztin und die erklärte uns, dass sich mein Verhalten nicht ändere. Auch werde ich immer darunter leiden, wenn ich keine Freundin finde. Was das heißt, weiß ich nicht. Auf jeden Fall bekamen wir gleich einen Termin für heute und so ist es nun passiert …

Ich bin kein richtiger Mann mehr. Außerdem muss ich nun zehn Tage so eine blöde Halskrause tragen, damit ich mir die Naht nicht aufbeißen kann.

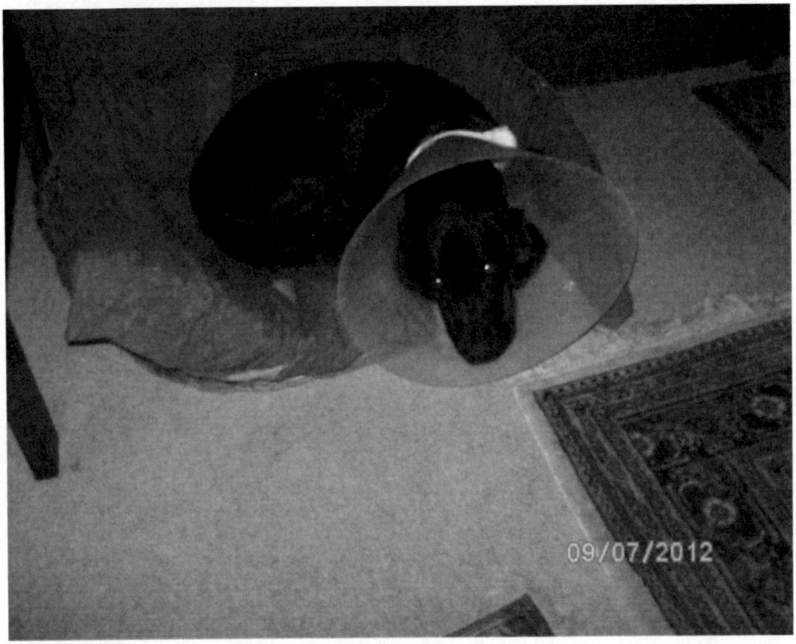

Ich bin hier noch ganz benommen von der Operation

Wenn ich jetzt etwas ruhiger werde und nicht mehr so wild an der Leine ziehe, ist es auch für etwas gut. Ich will ja immer, dass meine Herrschaften mit mir zufrieden sind. Und so viele Streicheleinheiten habe ich heute schon bekommen!

Jetzt muss ich wieder eine Runde schlafen, die Narkose hat mich ganz schön geschafft!

Euer Paul

Bericht 24 • Schon wieder Unsinn gemacht
19. August 2012

Hallo, Freunde, eigentlich wollte mein Frauchen gar keinen Bericht mehr schreiben, denn jetzt sei ich groß und werde keinen Unsinn mehr machen. Wollte ich ja auch gar nicht, aber gestern ging mein Temperament mal wieder mit mir durch!

Also der Reihe nach: Wir haben ja einen Gartenteich und da waren keine Pflanzen mehr drin, nachdem meine Herrschaften das Wasser abgelassen und den Schlamm rausgeholt hatten. Den Schlamm fand ich eigentlich ganz schön, wenn ich da mit den Pfoten rumwühlte, fühlte sich das so gut an. Wasser kam schließlich wieder rein, aber keine Pflanzen mehr. Meine Herrschaften meinten, dass ich sie ja doch wieder raushole.

Ich kann es nun mal nicht leiden, wenn der Teich so voller Grünzeug ist

Aber gestern bekamen sie von unseren Nachbarn jede Menge Grün für den Teich. Also meinte mein Frauchen, es wolle das doch noch einmal versuchen, und hat den Teich damit bestückt. Was soll ich sagen, es juckte gleich in meinen Pfoten, aber ich konnte mich doch noch bis zum Abend beherrschen. Länger ging es einfach nicht, dann musste ich ran an das Grünzeug! Und Ihr glaubt es kaum, in Windeseile schmiss ich mit meiner Schnauze die Hälfte in den Garten und legte die anderen Pflanzen im Wasser um. Jetzt sieht der Teich zwar nicht mehr so schön aus, aber Ordnung muss sein, denn nun kommt alles wieder raus und das Wasser bleibt sauber. Ich will nun mal keine Veränderungen!

Auch Rehe und Hasen jagen kann ich nicht lassen, das ist mein Jagdinstinkt, dafür kann ich nichts. Das wird wohl so bleiben. Mit genügend Leckerlis lasse ich mich ablenken und kehre zurück zu meinen Herrschaften. Hinter Traktoren auf dem Feld renne ich auch gerne her, aber die sind zu schnell für mich. Dafür belle ich sie aber immer gehörig an, denn sie stören meine Ruhe beim Gassigehen. Ansonsten gibt es keine Klagen.

Ich denke, meine Herrschaften sind im Großen und Ganzen zufrieden mit mir, sowie auch ich mit ihnen das bin. Da habe ich wirklich ein gutes Heim gefunden! Falls sich doch noch einmal etwas ereignet, werde ich Euch wieder schreiben.

Bis dahin,
Euer Paul

Bericht 25 • Ich bin käuflich

3. Oktober 2012

Hallo, Freunde, manchmal vergesse ich meine gute Erziehung und mein Temperament geht wieder mit mir durch. Aber die meiste Zeit bin ich ja so lieb, das könnt Ihr mir glauben. So auch in Loßburg, wo wir in diesem Jahr schon zweimal im Urlaub waren. Von Loßburg habe ich Euch ja schon mal kurz berichtet, und jetzt will ich es ausführlich tun.

Loßburg ist ein kleiner Ort im Schwarzwald und dort haben meine Herrschaften ein Hundehotel ausfindig gemacht. Das Hotel heißt ausgerechnet Hirsch und die Wirtin ist die Frau Rehfuß, könnt Ihr Euch das vorstellen? Das ist schon fatal für mich, wo ich doch alles Rehwild jage! Vorm Haus steht dann auch noch ein großer Hirsch, ganz aus Heu gemacht. Den darf ich nicht umschmeißen und kurz mal anpinkeln ist mir auch verboten. Da ziehen mich meine Herrschaften immer gleich weg. Aber was soll ich Euch sagen, dort ist das wahre Paradies für Hunde, ganz besonders für mich! Mein Frauchen sagt, das bilde ich mir nur ein – das ist ein Paradies für *alle* Hunde. Aber das glaube ich nicht. Wenn mich die Leute dort sehen, rufen alle ganz begeistert: „Paul, komm her zu uns!“ Das brauchen sie mir natürlich nicht zweimal sagen, zumal jeder immer Leckerlis in seiner Tasche hat. Die lasse ich mir nämlich nicht entgehen.

Auch dürfen die Hunde dort mit in den Speisesaal und es ist fast nicht zu glauben, als ob alle Hunde es wissen, wie sie sich dort zu benehmen haben! Sie sind ganz lieb und bellen sich überhaupt nicht an. Egal wie lange meine Herrschaften beim Essen saßen, ich lag immer ganz brav neben dem Tisch.

Einmal durfte ich sogar mit an die Küchentür mit einer Bedienung gehen, weil die Köche mich auch sehen wollten. Zur Küche verwehrte sie mir aber dann den Zutritt, was ich sehr schade fand, stattdessen kam ein Koch heraus und stellte mir etwas zum Fressen hin. Ach, es war ja so schön in diesem Paradieshotel und meine Herrschaften haben bei der Abreise gesagt, dass wir im nächsten Jahr bestimmt wiederkommen. Ich kann es kaum erwarten und bin bestimmt wieder ganz brav, das lohnt sich dafür. Ich sage nur: Leckerlis, Leckerlis … Mein Frauchen behauptete, auch für die Menschen gebe es ganz leckeres Essen.

Leider konnten wir im August dort keine so großen Wandertouren machen. Mein Frauchen hatte sich einen Tag vor der Abreise eine Zehe gebrochen und mein Herrchen hatte große Schmerzen in beiden Knien. So fielen die Spaziergänge sehr klein aus zu meinem Leidwesen, aber das war nicht zu ändern. Hauptsache war ja für mich, dass wir trotz der Wehwehchen den Urlaub antraten. Und im nächsten Jahr holen wir alles nach, das haben meine Herrschaften mir ganz fest versprochen. Ich vergesse nichts und werde sie daran erinnern. Ich sage nur: Paradieshundehotel.

Beinahe hätte ich ganz vergessen zu erwähnen, dass es in dem Hotel auch einen Haushund gibt. Was soll ich sagen, es ist eine wunderschöne Airedale-Terrier-Dame namens Sisu. Ich bin zwar nur noch ein halber Mann, aber meine Augen sind sehr gut und Sisu gefällt mir. Sie ignorierte mich zwar die meiste Zeit, aber das macht nichts, ich bin hartnäckig, wenn es ums Spielen geht. Irgendwann wird sie das schon mit mir tun. Und im Januar soll sie ja eine kleine Schwester bekommen, mit der werde ich mich bestimmt auch gleich anfreunden. Denn das ist meine Devise: Mit allen Hunden „gut Freund" sein, dann klappt alles bestens.

Was ereignete sich sonst noch? Eigentlich gar nicht so viel. Halt, doch! Der Bauer, dem das große Feld gehört, zu welchem wir immer hingehen, pflügte die schöne Wiese um und ließ nur noch braunen Ackerboden zurück. Jetzt können sich dort keine Hasen, Fasanen und sonstiges Getier verstecken. Auch die Rehe sind nicht mehr da, denn sie finden ja nun kein Gras mehr dort. Darüber bin ich schon sehr traurig. Wo soll ich denn nun jagen?

Und meine Herrschaften sehen jetzt immer gleich, wenn ich ein Loch grabe und nachschaue, ob sich Mäuse versteckt haben. Dann pfeifen sie mich sofort zurück und ich muss, wohl oder übel, zu ihnen kommen. Zwar werde ich dann auch gleich immer belohnt, wenn ich gefolgt habe, aber Löcher buddeln ist doch auch so schön.

Seht her, ich bin jetzt schon groß und kann ganz dicke Äste in meiner Schnauze herumtragen

Aber das wollen meine Herrschaften einfach nicht begreifen! Doch das ist nur eine kleine Unstimmigkeit. Die meiste Zeit bin ich mit ihnen sehr zufrieden. Sie werden schon noch lernen, dass ich es einfach brauche, Löcher zu buddeln. Das Feld ist schließlich mein Revier und ich mag keine Mäuse dort dulden.

Ach, noch etwas: Abends raschelt, pfeift und quietscht es so komisch in unserem Garten. Dann renne ich raus und schaue nach, was dort los ist, aber ich finde nie heraus, was so laut ist. Meine Herrschaften haben mir erklärt, dass das nur Igel seien, die ein Winterquartier suchen … Was? Aber doch bitte nicht in unserem Garten! Igel, igitt!

Ich hatte Euch ja berichtet, dass ich einmal einen in meiner Schnauze hatte, mir ist, als spüre ich die Stacheln noch immer. Diese stacheligen Dinger sollen sich gefälligst einen anderen Garten suchen, die mag ich nun mal nicht leiden!

Ihr erinnert Euch doch noch, dass mein Frauchen den Gartenteich mit Pflanzen neu bestückt hatte und ich sie gleich wieder rausschmiss. Da war mein Frauchen schon etwas böse, denn der Teich sah ja eigentlich mit den Pflanzen ganz gut aus, nur konnte ich nicht so gut darin herumschwimmen. Nun macht sie auch keine Wasserpflanzen mehr rein, der Teich ist schön sauber und nur zum Baden für mich da. Die paar Fische im Wasser stören mich nicht und irgendwann sind die bestimmt auch verschwunden. Fangen kann ich sie nicht, die Biester schwimmen um mich herum und sind so schnell wieder weg, bevor ich zuschnappen kann.

So, meine Freunde, hier enden vorerst meine Berichte. Ich hoffe, Ihr hattet ein wenig Spaß an diesem oder jenem Erlebnis.

Es grüßt Euch
Euer Paul

Epilog

Hallo, liebe Freunde, Ihr denkt vielleicht, ich sei ein ganz schlimmer Hund, weil ich so viel Unsinn im Kopf habe, aber das stimmt nicht. Eigentlich bin ich ein richtig braver Zeitgenosse und liebe meine Herrschaften ganz toll! Nur manchmal bin ich einfach zu übermütig, weil ich doch immer nur gefallen will – dann schäme ich mich richtig! Und ich muss sagen, egal was ich auch mache, meine Herrschaften sind nie lange böse mit mir.

Ich habe es richtig gut getroffen in meiner Familie, alle sind so lieb zu mir. Auch die Nachbarn können mich gut leiden. Danke an alle – ich bin ein zufriedener Hund …